憲法を決めるのは誰？

戒厳令下の国民投票

報道・表現の危機を考える弁護士の会 [編]

GENJIN ブックレット 49

現代人文社

このブックレットの構成

　現在、憲法改正のための手続きを定める憲法改正国民投票法の法案が作成され、議論が本格化しようとしています。

　このブックレットは、この法案について主に次のような問題点を取り上げています。

　まず、①改正されようとする案の内容を新聞などで読んだだけで十分理解できるだろうかという点です。そのことを研究している学者とかジャーナリスト、国際社会の中での日本のあり方についてアドバイスしてくれる外国人らにいろいろと解説を受けたり、学習会を開いたりする機会を持って「この改憲案は自分たちにとっていいのか、悪いのか」を考えなければ、判断できないのではないでしょうか。しかし、現在与党案として発表されたこの国民投票法案は、マスコミの報道を規制し、教員や公務員、外国人の講演活動などに制約を加えるものとなっているのです。

　次に、②私たちが改憲案の内容について、仮に理解できたとします。ではその意見がそのとおりに反映されるか、ということもこの投票法のあり方にかかってきます。もし、個別の条文、たとえば表現の自由のこの部分を変えると示してもらえば判断できても、たくさんの条項を一度に改正することに賛成か反対かといわれれば、「いい変更もあるし、悪い変更もあるけどどうしよう」と迷うことになります。あるいはよさそうな新しい権利の条項につられて、他の条項での人権の侵害を見落としてしまうかもしれません。これが、改憲案一括での投票にするか、個別の条文ごとでの投票にするか、という方法の問題です。

　さらに、③仮に国民が十分判断でき、かつその意思が忠実に改正投票に反映できるとしても、投票者となる「国民」をどう定めるかもこの法律によります。20歳以上の者にするか18歳以上の者にするか、受刑者はどうか、戦後60年以上日本に定住し、これからも日本で暮らす在日外国人はどうするか、といった問題もあります。

　本書では、これらの問題について、投票者の範囲をどうするか（③の問題）、国民が改憲案を十分理解できる機会が保障されるか（①の問題）、国民の意思が忠実に反映されるか（②の問題）の順で進めていきます。相互の関係を理解していただければ、どの章から読んでいただいても理解できるようになっています。

目 次

このブックレットの構成　3

はじめに　6

CHAPTER 1　私たちだって投票したい！　9

CHAPTER 2　改憲案の是非について報道できない！
議論できない！　13

 1　国民の憲法改正への関わり方に関する規制
  ❶不明確な国民投票運動の定義　15
  ❷外国人に対する制限　17
  ❸教員に対する制限　22
  ❹公務員に対する制限　25

 2　メディアに対する規制
  ❶国民投票の結果に影響を及ぼす目的の報道評論の禁止　29
  ❷予想投票の公表の禁止　31
  ❸新聞、雑誌などに対する規制　33
  ❹虚偽放送などの禁止　35

CHAPTER 3　杞憂ではない理由——戒厳令下の日本　39

CHAPTER 4　私が決めたとおりには投票できない?!
——一括投票か、個別投票か　43

おわりに　50

資料
　日本国憲法改正国民投票法案(「議連案」)　　52
　日本国憲法改正国民投票法案要綱(「議連案要綱」)　　68
　国民投票法等に関する与党協議会実務者会議報告　　73
　日本国憲法改正国民投票法案骨子(「国民投票法案骨子」)　　74
　憲法改正国民投票法制に係る論点とりまとめ案(民主党憲法調査会拡大役員会案)　　80
　日本弁護士連合会・憲法改正国民投票法案に関する意見書　　90

※本書では、2001年11月、超党派の憲法調査推進議員連盟が発表した国民投票法案を「議連案」といい、その議連案の解説を、「議連案要綱」といいます。そして、それら案をもとに2004年12月3日に開催された国民投票法等に関する与党協議実務者会議で合意された案(これは、骨子のみです。法案については、議連案をそのまま引用しつつ、骨子によって修正を加えています)を、「国民投票法案骨子」といいます。ただし、元の議連案の法案とあわせて与党協議実務者会議で合意された案全体を指すときは、「憲法改正国民投票法案」あるいは、単に「国民投票法案」といいます(巻末資料参照)。

はじめに

　2004年12月3日開催の国民投票法等に関する与党協議実務者会議は、「日本国憲法改正国民投票法案」（以下、単に「国民投票法案」といいます）と同法案の審査および起草権限を衆参両院の憲法調査会に付与する「国会法改正案」を次の通常国会に提出することを合意、了承しました。この法案は、2001年11月、超党派の憲法調査推進議員連盟が発表したもの（以下、「議連案」といいます）をもとに検討されたものです。与党は、いったん、国民投票法案を2005年の通常国会に提出し、その成立を図る方針を固めましたが、与野党の調整が困難であるとの見通しから2005年通常国会への上程を断念しました。しかし、秋の臨時国会には上程されるとの観測がされています（衆議院憲法調査会会長の「成立は今年の11月ごろから遅かったら来年の1、2月になるだろう」との見通しが伝えられている。共同通信2005年3月12日付配信）。

　国民投票法案は、改憲案についての国民・市民の自由な意思形成、選択を可能とするための情報を提供する重要な手段としてのメディアの取材・報道の規制、国民・市民の投票運動についての過度の規制等が規定されています。同法案の内容についてはあまり報道等もなされておらず、国民・市民の間でもその重大性についての認識が十分でない現状にあります。

　本書は、改憲の是非を直接に論ずるものではなく、改憲そのものに対する立場を越え、表現の自由、意思形成の自由を制約するおそれのある国民投票法案についての問題点を広く国民・市民に理解していただき各自で検討していただくことを目的として発刊するものです。本書のタイトルを「憲法を決めるのは誰──戒厳令下の国民投票」としていますが、本書発刊の意図、本書の内容はこのタイトルに表現されています。

　憲法は、「国の最高法規」（憲法98条）であり、「この憲法が日本国民に保障する基本的人権は、人類の多年にわたる自由獲得の努力の成果であって、これらの権利は、過去の幾多の試錬に堪へ、現在及び将来の国民に対し、侵すことのできない永久の権利として信託されたもの」（憲法97条）です。改憲するかどうかは、まさに国のありようを決めるものであり、主権者である国民・市民の基本的な権利にかかわる国政上の最も重大な問題であり、国民・市民の自由な論議のなかで改正の是非が問われなければならず、表現の自由のなかでも最も高度に保障されなければならない領域の問題です。

改憲の是非を決めるのは国民・市民であるにもかかわらず、国民・市民の自由な論議を保障するという視点が重視されず、国民投票法案では、メディア規制条項、市民の表現一般規制条項が規定され、規制条項違反には懲役刑を含む厳しい罰則が定められており、かかる法案の下での国民投票は、まさに本書のサブタイトルにある「戒厳令下の国民投票」となってしまう危険が多大にあるのです。

　本書は、いわゆる「NHK番組改変問題」を契機に結成された「表現・報道の危機を考える弁護士の会」の各弁護士の執筆・編集によるものです。「NHK番組改変問題」では、報道・表現の自由に対する政治や権力の介入の常態化と、メディアがその独立性、自立性を失いつつあるのではないかという点が危惧されました。同弁護士の会は、「NHK番組改変問題」は、NHKと朝日新聞社の２大メディア間の争いという側面で捉えるのではなく、報道・表現の自由、日本の民主主義の根幹にかかわる問題であると捉え、市民に事実が伝えられる過程に政治的介入があれば、民主主義は回復不可能になると危惧した弁護士有志によって結成されました。同弁護士の会の「NHK番組改変問題」に対する弁護士声明には、短期間に全国の500名を超える弁護士が賛同しました。

　本書に取り上げている東京・立川市の官舎に、イラク出兵反対のビラを配布した市民が「住居侵入罪」に問われた事件に代表されるように、市民の日常的な表現行為であるビラ配布にも刑事罰を適用して、時の政府・権力に批判的な言論を抑圧しようとする動きも強まっています。基本的人権の擁護と社会正義の実現を使命として、日々の活動をしている多くの弁護士が、民主主義の基礎である報道・表現の自由の現状を危機的なものと捉え、危惧しています。

　国民投票法案についても報道・表現の自由を抑圧する危険を看過することはできず、その重大性と緊急性に鑑みて、同弁護士の会では、2005年4月28日参議院議員会館会議室で、「自由な報道なくして、改憲案の是非を選択できるのか」とのテーマで国会議員、メディア関係者の方の参加も得て緊急院内集会を開催しました。同集会でも、国民投票法案が表現の自由を制約する危険な法案であるとの指摘がいろんな角度から提起されました。

　本書では国民投票法案の重大な問題点を詳細に指摘しています。

　国民投票法案では、憲法の複数の条項についての改憲案が発議された場合に、全部につき一括して投票することとするのか、あるいは条項ごとに個別に投票することとするのかについて明らかにしていません。個別の条項ごとに賛否の意思を表示できる投票方法にしなければ、国民・市民の意思が投票結果に正確に反映されないことになります。

　国民投票では、国民・市民に情報が提供され、広く国民的・市民的議論がなさ

れ、投票運動は自由になされなければならないのに、国民投票法案は広範な禁止規定を定め、不明確な構成要件により刑罰を科すものとなっています。

　公務員、教育者の運動の制限、外国人の運動の全面的禁止、マスコミの規制、不明確な要件での刑事罰の規定は、まさに戒厳令下の国民投票といった状況を生み出し、甚だしい萎縮効果をもたらし、報道・表現の自由を著しく制限するものとなります。

　そのほか、発議から投票までの期間は十分に保障されるべきであること、改憲の是非は少なくとも投票数の過半数で決すべきであること、未成年者、公民権停止者の投票権は考慮されるべきであることなど、本書で指摘している重要な問題があります。

　改憲問題は、いうまでもなくこれからの国の進路、あり方、私たち市民一人ひとりの生き方までも規定する最も重大な問題です。憲法改正国民投票については報道・表現の自由が最大限尊重・保障され、十分な国民的・市民的討議、運動がなされ、投票者の意思が正確に反映されるものでなければなりません。本書を一人でも多くの方々に読んでいただき、本書が国民投票法案の問題点に対する広範な世論形成に少しでも役立つことを願っています。

CHAPTER 1
私たちだって投票したい！

▶▶18歳以上20歳未満の国民投票権

　国民投票法案は、7条で「日本国民で年齢満二十年以上の者は、国民投票の投票権を有する」としています。しかし憲法96条では、投票年齢について20歳以上に限定されていません。憲法改正国民投票は、いうまでもなく主権者である国民の基本的な権利行使に関する国政上の重大問題であり、あくまでも国民主権に立脚して定めなければなりません。

　では何歳から投票できるようにするべきでしょうか。この点を考えるうえで、1970年前後から世界の大多数の国（107カ国、1990年現在）で18歳以上の者が選挙権を持っているという事実は重要です。

　他方、日本では、1892年から始まる納税額、性別、年齢などによる差別なしに選挙権を与えよ、という普通選挙運動の長い歴史があり、18歳から選挙権を与えよという要求は1923年からなされてきましたが、残念ながら未だ実現していません。

　しかし憲法は、大人だけでなく、子どもにも適用されているものです。しかも、任期のある国民の代表者を選択する選挙とは違い、国の基本的な方向や権利、義務を決める重大なことがらである憲法改正国民投票については、諸外国並みに、18歳以上の未成年者も交じって十分な議論をなし、投票する必要性が大きく、憲法改正の投票権を否定する理由は乏しいのです。

　実は日本でも、最近では選挙権年齢の引き下げに関する市民運動の動きが活発になってきており、市町村合併などの際に行われる自治体での住民投票について条例の改正を行い、投票年齢規定をこれまでの20歳以上から18歳以上に引き下げるなど、18歳以上の者に政治的意思決定に参加させる事例も増えているのです（東京都西東京市、愛知県高浜市、秋田県岩城町、福岡県北野町、埼玉県岩槻市、滋賀県長浜市、静岡県東伊豆町、長野県富士見町、岡山県勝央町、富山県山田村、長野県平谷村など）。北海道では2003年10月、空知支庁管内の奈井江町が小学5年生までに対象を広げた住民投票を行いました。投票を前にした説明会で「大人と対等の立場で町づくりを考えることができ、うれしい」と話す小学6年生の声が北海道新聞に紹介されていました。

　とくに今回の改憲の中身については、憲法9条2項が大きなテーマとなってお

り、自衛隊のあり方や集団的自衛権のあり方を含めて、将来、日本を担っていく若者たちに大きな影響を与えるもので、若者たちの意見を聞かなければならない問題です。それにもかかわらず、20歳未満の若者たちの意見を無視して大人たちだけが決めるという今回の国民投票法案の考え方は、憲法の基本原則である国民主権、平和主義、議会制民主主義、基本的人権の尊重の各点からも考え直す必要があります。

▶▶▶公民権停止者の投票権

　国民投票法案骨子には、「衆議院議員及び参議院議員の選挙権を有する者は、国民投票の投票権を有するものとすること」とあり、国政選挙の選挙権を有しない公民権停止中の者、たとえば受刑者や選挙犯罪者については国民投票の投票権を有しないとされています。

　この点、議連案要綱の第2では、軽微な選挙違反による公民権停止者等については、「選挙のルールを破った者として公職の選挙についての選挙権を否定される理由はあるものの、憲法改正の投票権までも否定する理由に乏しいと考えられる」として、「国民投票の投票権を有する者は、国政選挙の選挙権を有する者のほか、選挙犯罪により公職選挙法上公民権を停止されている者とすること」として、軽微な選挙違反による公民権停止者等を含むものとされていました。しかし、国民投票法案はこれを「（国民投票権は）国民の国政への参加の権利として国政選挙の選挙権と同等のものと考えられる」という説得力のない理由で後退させたのです。

　ところで、日本では「自分は犯罪者になるはずがない」と思う人が多いといわれています。したがって、この公民権停止者の投票権の規制にも違和感を感じない人が多いかもしれません。しかし、選挙のしくみに関係のない犯罪を犯した人や選挙法違反はしたが軽い刑しか科せられなかったような人に投票権がないとするのはおかしくありませんか？

　公選法上このような者に国政選挙の選挙権が認められていない理由は、受刑者は違法性のきわめて高い反社会的行為を行った者であり、著しく遵法精神に欠け、公正な選挙権の行使を期待できないとか、選挙権の行使から遠ざけて選挙の公正を確保するとともに、本人の反省を促すためとかいわれていますが、果たして受刑者＝公正な選挙権の行使が期待できない者、といえるでしょうか？　また、刑罰を受けた者に対し、さらに選挙権を奪うという手段で制裁を科すことは妥当でしょうか？

　公選法自体の問題点をひとまず置くとしても、国民投票と国政選挙とは分けて

考える必要があります。国政選挙の選挙人資格は、憲法44条において、すべて法律の規定するところに委ねていますが、憲法改正を定めた憲法96条にそのような記載はありません。国民投票権は国政選挙権と異なり、国民主権そのものであり、きわめて重要な権利なのです。受刑者であろうと、選挙犯罪者であろうと、国民投票権を行使することは自らの「基本的人権」に直結し、これを確立するために不可欠な権利行使です。

　このような国民投票権の重大性と比較すれば、受刑者等の投票資格を一律に認めないとすることの必要性、合理性がないことは明らかでしょう。国民投票に関しては、これらの者も一般市民とまったく同様に扱われなければなりません。選挙権停止期間中に基本的人権が損なわれてしまう可能性さえあるのですから、放ってはおけない問題です。

　なお、提案された憲法改正案について賛成か反対か意思決定をするためには、前提として、その意思決定に関係する事実について正確な情報を取得していることが必要となります。したがって、受刑者には投票権が認められるだけでなく、新聞、テレビ、雑誌などを通じて、改定案について判断することができるくらい十分な情報を得ることが認められる必要があります。

▶▶在留外国人の投票権

　一時的に観光や出張で来ている外国人とは異なり、戦後60年以上を日本で暮

らしている長期在留外国人が日本にいることをみなさんは知っていますか？

　外国籍なのに日本語しか話せず、これからも日本で暮らすことしかありえない2世、3世も大勢います。来日した理由は、日本にこそ責任がある場合が多いのです。日本人と同様に暮らしているにもかかわらず、その日常の権利や生活に関することについて、その人たちの意見を聞かないでいいのでしょうか？

　地方自治体においては、参政権を認めているところもあるようです。

　また、今後の国際化や人口減少の道をたどらざるをえないこれからの日本にとって、外国人の投票をどうするかは考えておかなければならない問題です。

CHAPTER 2
改憲案の是非について報道できない！議論できない！

▶▶なぜ国民投票なのか

　国民投票法案は、国民が投票するための情報をどのように伝え、あるいは入手することを予定しているのでしょうか。

　たとえば、改憲によって、今まで保障されていた自由、たとえば好きな宗教を信じる自由（信教の自由、20条）や自分の意見を新聞に投稿できる自由（表現の自由、21条）、やりたい勉強ができる自由（学問の自由、23条）や希望の仕事に就く自由（職業選択の自由、22条）など、さまざまな自由が制限されることになるかもしれません。また、戦争を放棄している９条を変えて、子どもたちが徴兵されるようになるかもしれません。

　このような重大なことが改憲で行われてしまうかもしれないからこそ、国民自らが、今の自分たちで変更の是非を判断するのです。でも、そのためには変更の内容を十分に知らなければ、よい悪いを判断することはできません。中味がよくなる場合も悪くなる場合も、法律の上では「憲法改正」という呼び方をします。しかし「改悪」の可能性があることも理解していなければなりません。

　現実に、軍隊復活や、戦後やっと獲得できた「男女平等な家庭観」を復古調に変更しようとする提案もあるのです。

▶▶自分の意見を持つには情報が必要不可欠

　このように見てくると、まず国民が今の憲法のことを知ったうえで、どのような内容が改憲案として出されるのかを知らなければなりません。でも、それは、自分だけで考えて理解することはとてもむずかしいわけです。憲法の内容についても、誰かに教えてもらわないと知る機会などめったにありません。

　たとえば、2004年６月に佐世保で小学６年生の女児が同級生を殺害するという事件がありました。その後、その学年の卒業アルバムに加害女児の写真を掲載するべきか否か、ということについて子どもにアンケートをとって決めた、ということが報道されました。なるほど民主的だと思った人もいるでしょう。でも他方で、教育のあり方としてどうすべきかを教師が責任を持って判断すべきであり、「生徒の意見に従った」という民主的な体裁をとった責任逃れだ、子どもへの責

　任転嫁をすべきではないという意見もありました。どちらの意見もなるほどと思うでしょう。
　つまり、複雑な利益や価値観がある今の世の中で、自分の権利を守るための判断も簡単ではない、いろいろな見方をするための多様な情報を得なければ本当に自分の権利を守ることなどできないということです。社会が発展しさまざまな利益が対立し、またそのための情報が巨大なマスメディアに独占されている今日、国民はまず情報を得ることができなければ、物事の正しい内容を理解できず、自分がどうしたらいいのかという国民としての意見も形成することはできないし、それを表現することもできないのです。
　そのために、憲法21条1項（「集会、結社及び言論、出版その他一切の表現の自由は、これを保障する」）には言葉として書き込まれてはいませんが、「知る権利」も保障されていると判例や学説で認められてきたのです。また、国際人権規約という世界共通の権利の保障規定があるのですが、その中で「市民的及び政治的権利に関する国際規約（自由権規約）」19条は次のように定めています。

　1　すべての者は、干渉されることなく意見を持つ権利を有する。
　2　すべての者は、表現の自由についての権利を有する。この権利には、口頭、手書き若しくは印刷、芸術の形態又は自ら選択する他の方法により、国境とのかかわりなく、あらゆる種類の情報及び考えを求め、受け及び伝える自由

を含む。

　国民投票によって自分の意見を投票で表すということの意味は、以上のように、さまざまな情報を得、それについて自分の中で考えをめぐらせてはじめて行えることなのです。ですから、講演活動を制限したり、報道を制限するということは、国民投票制度の本質を侵害することであり、国民に主権者としての判断を認めないと同じことなのです。

▶▶権力者はつねに権力を濫用する
　ここでもうひとつの問題である国民と国家の関係について触れます。
　国家というのは、国民が自分たちの権利を守るために認めた政治システムです。でも、政治家は権力を預けられると、それを勝手に使ってしまうことが往々にしてあります（権力の濫用）。そこで、憲法は権力が濫用されないための防波堤になっているのです。ですから、自分たちの手で憲法を守っていかなければ、国民の権利は奪われてしまう、という危機感をつねに持っていなければならないのです。
　国民投票法案骨子には、国民投票運動について「基本的に自由であるとの原則の下に公正な国民投票のための必要最小限度の規定のみを整備した自民党提示案（議連案）を維持することとした」と書かれています。与党が、国民投票法案でのメディア規制は最小限度のものだと言っていること自体、私たちが危機感を持たないといけないことの裏づけとなっています。
　この章では、まず国民投票法案が国民の憲法改正に関する運動をどのように規制しているのか、次に報道のあり方をどのように規制しているのかを見ていきます。

1　国民の憲法改正への関わり方に関する規制

❶不明確な国民投票運動の定義

　国民投票法案は、「国民投票に関し憲法改正に対し賛成又は反対の投票をさせる目的をもってする運動」を「国民投票運動」とし、公務員、教員等の「地位を利用」した国民投票運動を禁止し、外国人の国民投票運動を禁止しています（63条以下）。

▶▶怖くて誰も何も言えなくなる

　では「国民投票に関し憲法改正に対し賛成又は反対の投票をさせる目的をもってする運動」とは、どの範囲の行動を指すのでしょうか。

　考えてみると、憲法の話をするとき、そのほとんどの場合に憲法に対する評価や意見が含まれます。たとえば、「表現の自由は民主主義の根幹をなす自由で、表現の自由が制限されると国民の討論によって妥当な結論を選択するという民主主義の過程が壊れる」といえば、表現の自由についてなんらかの規制を設けようとする改憲案への賛否に影響を与えるような評価を示しています。また、「平和は人権の尊重の基礎であって、そのためには人を殺傷することを目的とする戦争は憲法に反する。それゆえ憲法9条がある」という話は9条改正に対する賛否に関した話になってしまいます。「男女は平等であるが、過去の不平等な関係を積極的に解消するためには家庭での男女平等も明記しなければ平等が守られない」と話せば、憲法24条の両性の平等を変更しようとする法案に対して賛否を考えさせる契機になります。

　つまり、改憲という重大な問題を話し合おうとすれば、ほとんどの場合に国民投票運動にあたってしまうということです。

　この点「賛成又は反対の投票をさせる目的」を持っていなければ違反にはならないだろう、と思われるかもしれません。でも、目的というのはもともと外から客観的にわかるものではありませんから、本人にその点を問いただすしかありません。つまり「目的があった」可能性があれば規制の対象となります。

　このときに「自分はそんな目的はなかった」と言えばいいこと、と思われますか？

　でも、逮捕されてしまった後で、そんな目的はなかったと言っても、もう遅いかもしれません。逮捕されたら、仕事を失ったり、近所の人に白い目で見られたりするでしょう。公務員も教員も雇われている身です。睨まれたり迷惑がられて職を失うおそれがあるのであれば、発言したい思いを自粛することもあります。外国人は、日本で生活するためには在留資格を国に認めてもらわなければなりません。永住資格のある外国人でも、海外に旅行に出て帰国しようと思ったときに、再入国を拒否されるかもしれないのです。皆、睨まれれば死活問題なのです。この状態の下では、「触らぬ神にたたりなし」で必要以上に縮こまって表現活動を抑制してしまいかねないのです。これを「萎縮的効果」と呼びます。萎縮的効果によって、必要な情報が発信されなくなってしまうわけです。

　ところが、改憲にかかわる問題は、その分野を学び研究もしている教員、法を

つねに意識して仕事をする公務員、グローバルな視点で日本を見ることのできる外国人からこそ、有益な考えや理解の仕方について適切なアドバイスがなされる可能性が高いのです。これを制限しようとするという国民投票法案の姿勢は、国民に改憲案の真の問題点を教えないようにし、判断のヒントを封じ込めるものといわなければなりません。

▶▶表現の窒息状況を望む政治的意図？

では、公務員も教員もその地位を利用することなく行えばいいのではないか、とも考えられそうです。

でも、「地位を利用」ということ自体が、これまた不明確なのです。後で述べるとおり、最高裁判所は、地位を利用したとはとうてい思われない公務員の行為に対しても、国家公務員法によって選挙運動の自由を制限する判断を下したのです（この最高裁判所の判断は、学者から批判されました）。

結局、「国民投票運動」という曖昧な言葉で憲法改訂に関する表現が規制されてしまえば、憲法に関する自由な意見交換ができなくなり、健全な意思形成はとうていできなくなってしまうわけです。そこには表現の窒息状況を望む政治的意図がどこかにあるのではないかと、疑わざるをえません。

議連案要綱自ら、第11において、国民投票運動の定義について、「この表現では、憲法改正について意見を表明するあらゆる行為が規制の対象になる可能性があり、過度に広汎な規制となるおそれがないかについて更に検討の必要がある」とその問題性を認めています。しかし、国民投票運動の規制は定義以外の部分でも過度に規制されているという問題点があるため、議連案要綱がいうような「規制される運動の範囲をある程度明確にする」といった若干の手直しでその問題を解消できるとは思われず、抜本的な見直しが必要です。しかも、議連案を受けた国民投票法案でも、「ある程度明確にする」ことは実現されていません。

❷外国人に対する制限

国民投票法案66条1項を見ると、「外国人は、国民投票運動をすることができない」といっています。続けて、外国人は「国民投票運動」に関連して寄付をしてはいけない、日本人であれ外国人であれ外国人から寄付をもらってはいけない、外国人に寄付をお願いするのもダメ、と外国人からの影響力を徹底して排除しようとしています。

さらに、それに違反したときには罰則まであるのです。

○外国人がこれに違反して国民投票運動をした場合→１年以下の禁錮刑または30万円以下の罰金
○寄付をしたりされたり要求したりした場合→３年以下の禁錮刑または50万円以下の罰金
○寄付等が現実にやりとり（収受または交付）された場合→その財産上の利益を没収。没収できない場合はお金で徴収（追徴）

とってもけしからんことなんだぞ、絶対許さないぞ、と力こぶ全開。なぜでしょう。

こういうときは、法律を作る人たちがちょっと危ないことを考えているのではないかと疑うことも必要です。私たちは主権者であって、国会議員は国民の利益のために行動する義務があるはずですが、いろいろな新聞記事を読んでいると、議員のなかにはそのことを忘れがちな人も多いことがわかるからです。

▶▶私たちの知る権利の侵害

まず、考えないといけないのは、果たしてどこがけしからんことなの？という疑問です。

この点について議連案要綱を見ると、「憲法改正は主権者たる日本国民の自主的な判断に基づいて判断されるべきであるという考えに立って、外国人の国民投票運動を禁止した」といっています。

たしかに憲法を変えるかどうかという問題は、多くの場合その国のあり方の根本にかかわる可能性がありますから、その国の主人公が自分の頭で考え、自分で判断する権利と義務があります。でも、だからといって、外国人を仲間はずれにして議論しないといけないのでしょうか。改憲案に関して、外国人が自分の持っている知識や経験を表明したり、より積極的に賛否の意見を表明することで、本当に何か不都合があるでしょうか。

ひとつだけ考えられるとすれば、外国の政府や日本にいる外国人の団体が、私たちを陥れて不利益な判断をさせるための運動をする場合でしょう。

しかし、そもそも、万一ある国がそのような運動をしたら、今どき国際世論が黙っていません。それを考えると、よその国や団体がそんな運動をする可能性はきわめて小さいといえます。また、日本を陥れようとしている国の存在や活動がわかったならば、その時点でそのことを報道すれば十分でしょう。根拠がある報道がされたならば、多くの人は、その国が行っている運動については批判的な見方をすることになるでしょうから。

むしろ、「主人公」である私たちの立場から考えてみると、憲法を変えようか

どうしようかという一大事にあたっては、限られた範囲の情報で満足するのではなく、外国人の話や意見をたっぷり聞く、ということが大切なのではないでしょうか。日本は地理的にも言語的にも島国ですから、外国の情報を積極的に取り入れなければ、他国の経験や教訓を学ぶことはできません。もし、外国人だからという理由だけでその人が持っている貴重な意見・知識を発信することを妨げてしまうと、改憲案の是非を判断するために必要・有益な情報を得ることができなくなって、困るのは私たちです。

　たとえば、フランスは1962年に改憲し、大統領を国民が直接選挙する制度に変えました。日本でも総理大臣を国民が直接選挙する制度（首相公選制）は改憲のひとつのテーマとなりえます。仮に、首相公選制が改憲案として発議された場合、フランス人からフランスでの経験を聞くことは日本の国民にとって非常に大切なことになるのではないでしょうか。

　考えてみてください。私たちは旅行に行く前にはガイドブックを買います。ガイドブックに載っている経験者の話はとても役に立つし、旅行への期待を膨らませてくれます。この場合に、日本人が旅行するんだから外国人の体験談はダメ！なんて言う人はいませんよね。

　もうひとつ例を挙げます。それは、日本国憲法24条（家族生活における個人の尊厳と両性の平等）に影響を与えたベアテ・シロタ・ゴードンさんのことです。ベアテさんのことは、テレビでも取り上げられたので多くの方がご存じだと思います。彼女は、人権の章の草案を起草したチームの一員で、戦前の男尊女卑社会を知っていたため、女性を男女差別や家庭の過度の束縛から解放する必要があると考え、憲法24条の原案を作ったのです。起草チーム唯一の女性でした。彼女が起草チームのメンバーでなかったなら、日本は今でも、女性が家庭に強く束縛され、男性と同じように働くなんてことは考えられない社会のままだったかもしれません。ベアテさんは、「アメリカの憲法に男女平等を明文で謳った条文はありません。私は、世界で最も進んだ憲法を日本の女性たちにプレゼントしようと思いました。プレゼントが本当によい品で必要なものであったなら、それを提案したのが日本人か外国人かはあまりたいした問題ではないでしょ!?」と言って微笑んでいました。この例からも、外国人の知識・経験・考え方を参考にする必要性が大きいことははっきりしています。

　もっと身近な例でいえば、「朝まで生テレビ」という討論番組を思い浮かべてください。常連に姜尚中さんがいますね。姜尚中さんは「在日」です。姜さんは、「朝まで……」で取り上げられるその時々の政治問題について、アジアの人々の立場から鋭い問題提起をします。姜さんの具体的な発言内容についてはさまざまな意

1　国民の憲法改正への関わり方に関する規制

見があるでしょうが、もしあの番組で、姜さんは日本の国籍がないから出演させないなんてことになったら、魅力半減ではないでしょうか。憲法改正国民投票が行われるときには、当然、「朝まで……」のような番組を見たいですよね。そのときに、「姜さんは外国人だから姜さん抜きで番組を作らないといけません」なんてことになったらどう思いますか？

▶▶差別の助長につながる

　それからもうひとつ、「外国人」といわれる立場の人のことを考えることも大切です。今この日本には、多くの外国人が生活しています。戦前から何十年も生活をし、税金もきちんと納めてきている人もたくさんいます。幼稚園や保育園、小学校をのぞいてみれば、必ず外国籍の子どもたちが何人かいて、みんな言葉や習慣の違いに好奇心を抱きながら、大人なんかよりよっぽど自然に毎日の生活をともにしています。そのような人たちについて、日本のあり方を決める憲法改訂の手続きの際、賛成・反対のどちらかを応援することも認めない、日本人じゃないんだから黙っててくれ、というのは、ちょっと失礼な話ではないでしょうか。

　今、学校には、韓国、中国、タイ、フィリピンなど、さまざまな国籍の子どもたちがいます。その学校で、「2学期のクラスの目標を決めよう」、「文化祭で何をやるか決めよう」、「運動会のリレーの選手を決めよう」というときに、国籍が日本ではないからというだけでその子どもたちを排除するでしょうか？　学校と

改憲はたしかに同じではありません。でも、もし、クラスでの話合いのときにその子を参加させないとすると、それを説明するのはすごくむずかしいとは思いませんか？　改憲案について積極的に意見を述べたり運動をすることを禁止してしまうことも、やはり説明するのはむずかしいと思うのですが、いかがでしょうか。

　ましてや、最初に紹介したように、あれもダメこれもダメと詳細な条文を作って、厳しい罰則もつける、とってもけしからんことなんだぞ、絶対許さないぞ、と力こぶ全開というのはいかがなものでしょうか？　これでは、学校のクラスの例でも、クラスの中で、堂々と、あの人はクラスの方針に不当な影響を及ぼす危険な人だというレッテルを貼って、敵視するようなものです。いじめや差別の原因になること間違いなしだと思うのですが……。

　憲法改正という重要な国民投票の手続きで、外国人の国民投票運動が徹底的に排除されてしまうと、外国人に対する差別を助長することになるのは間違いありません。そのようなことは避けなければなりません。なぜなら、差別を認めてしまう社会では、次々と差別が発生し、差別される人が増えるだけでなく、本来政府に対して批判すべきことまで国民同士が非難し合うことになり、政府が国民のことを軽視して好き勝手するようになるからです。

▶▶過去の過ちを繰り返さないために

　第2次世界大戦で、多くの外国人、日本人の命が失われました。戦争を招いた責任については今でもいろいろな意見があります。しかし、日本が武力による解決を積極的に選択したのは間違いありませんし、アジアの各地で残虐な行為があったことも否定できない事実でしょう。また、先に触れた外国の干渉の問題をアジアの国々との関係で考えれば、この戦争で他国の主権侵害を問われるような行為をしたのは日本のほうであって、日本が近隣から侵害されたわけではないのです。日本はその事実を消し去ることは許されないのです。

　近隣の国で、多くの方が亡くなったり、重いケガを負ったことについて、私たちは忘れてはいけません。でも、どうしても損害を受けた側のほうが記憶は鮮明です。近隣の国ではまだまだ、夫や妻、親が日本軍に殺されたという人、日本軍にたいへんなケガを負わされたという人が生きています。

　そういう近隣の国と仲よくしていくためには、改憲する際に、近隣の国が新しい日本のあり方について、どのように考えるかを積極的に知る必要があります。そういう意味でも、外国人の知識・経験を聞くことができないような制限をするべきではありません。

▶▶まとめ

　議連案要綱でさえ、「禁止されるべき国民投票運動の外延が必ずしも明確でないことを考えると、外国人に国民投票運動の一切を認めないことは、現在の国際化した社会において、過度の規制となるおそれがないか更に検討する必要がある」としています。外国人の国民投票運動に対する規制が不当なものであることは明らかです。

　しかし、それにもかかわらず、議連案を受けた国民投票法案は、「検討」していません。このような国民投票法案をこのまま法律にすることを認めるわけにはいきません。

❸教員に対する制限

　国民投票法案は65条で、「教育者（学校教育法……に規定する学校の長及び教員をいう。）は、学校の児童、生徒及び学生に対する教育上の地位を利用して国民投票運動をすることができない」としています。学校教育法は１条で、「この法律で、学校とは、小学校、中学校、高等学校、中等教育学校、大学、高等専門学校、盲学校、聾学校、養護学校及び幼稚園とする」とし、２条で国立、公立、私立学校すべてを含むとしていますから、65条でいう教育者はかなりの範囲に及びます。つまり、公務員である公立小中学校の教師だけでなく、私立大学の教授なども含むことになるのです。また、どのような行為が規制対象となるかに関しても、学校の児童、生徒、学生を対象とする「国民投票運動」に限定しているわけではないので、非常に広範に規制を受けるおそれがあります。

▶▶専門家の意見が聞けない！

　その点だけでなく、本条項については次のような問題があります。

　各大学における憲法学者らこそ、憲法のあり方について日常的に研究をしているのであり、歴史的な見地、比較法的な見地などから、将来の憲法のあり方について、貴重な情報を私たち市民に提供してくれるはずです。その憲法学者たちは、日常的には、ゼミなど教育の場で討論することで知識や意見を補完し、大学の教壇という教育の場で自らの知見を公表することになります。後にその講義録などが刊行されることは多いでしょうが、一義的には教育の場で討議し、研究できることが、憲法学者らが改憲案について検討する前提となるはずです。学校教育における教員や大学の教員、法科大学院（ロースクール）における教員などが、改

憲について、教育の場で自由に討論したり表現することによって、最高法規としての国の基本的な方向を決める改憲の是非について、国民が意思を決定するための重要な判断材料を提供することができるのです。

ところが、国民投票法案によると、憲法学者たちが改憲案について講義したり、ゼミで討論することは、「教育上の地位を利用して国民投票運動をすること」に該当し、禁止されてしまうおそれがあります。これでは、専門家の意見を聞かせないようにして投票させようとしていると非難されても仕方ないのではないでしょうか。憲法学者は、立憲主義、基本的人権、平和主義などの基本原則については改正できないと考える者も多く、憲法学者からの非難を防ごうとしているという考え方は的はずれでもないでしょう。改憲論議そのものを専門性あるものから情緒的なものにして、目眩ましのもとで憲法改悪を実現しようとしているという批判すらあります。

▶▶学ぶ権利も侵害される

また、これらの教育者たちの自由な国民投票運動が保障されないということになれば、その教育者から教育を受ける学生、生徒、子どもたちの人権——教育を受ける権利、成長発達を保障している憲法について意見表明する権利、知る権利、学ぶ権利——についても制限を加えることになるのです。

そもそも、大学の教員たちは、憲法23条の学問の自由を有しており、これを改憲後も守るためにも、大学における教員たちの改憲に関する表現、言論、集会の自由を保障することが大切です。これは、大学で学ぶ学生たちの学問の自由、思想表現、言論の自由、教育を受ける権利を保障することにもつながります。大学における憲法学者や教員たち、学生たちによる憲法改正国民投票運動に関して制限することは、憲法の表現、言論、集会、学問の自由や教育を受ける権利、知る権利などの規定から見ても許されるものではありません。

さらに、法律家を養成する法科大学院（ロースクール）の教員が、将来法曹界を担う学生に憲法上の問題を議論することが制限されることになり、法科大学院の学生らが憲法の大原則を十分に理解しないまま、実務に就くような事態すら起きかねません。

▶▶国民の教育権から国家の教育権への転換

さらに現時点では、次のような問題もあると考えています。

教育基本法前文は「われらは、さきに、日本国憲法を確定し、民主的で文化的な国家を建設して、世界の平和と人類の福祉に貢献しようとする決意を示した。

この理想の実現は、根本において教育の力にまつべきものである」、「日本国憲法の精神に則り、教育の目的を明示して、新しい日本の教育の基本を確立するため、この法律を制定する」と規定し、憲法と教育基本法は一体として規定されています。

　今回の改憲は、教育基本法の改正と一体となって国家主義的にそれぞれの平和主義、基本的人権の尊重、議会制民主主義、国民主権の根本原理を転換させようとしていると評価できます。だからこそ、教育基本法前文のように憲法を実現するためにも、教育がきわめて重要なものとなってきます。

　憲法改正国民投票においても、教育の専門家である教育者に自由な投票運動が保障されなければなりません。教育者に対する憲法改正投票運動の制限は、教育基本法の改正とともに改憲を実現しようとしている流れのなかで、この改訂に対峙している教育者の運動を封じ込めようとする狙いが明白で、これが許されると、教育基本法および憲法の根本原理を押しつぶしてしまうことにつながるおそれがあります。

　2004年6月、自民党と公明党は教育基本法を改正することについて合意し、憲法9条を改正するため、教育基本法の中に、自民党は明確に愛国心を、公明党も表現は別としても基本的にこのことを入れようとしています。のみならず、憲法改正のなかで憲法99条の公務員の憲法尊重義務を国民の憲法尊重義務に転換し、立憲主義を否定しようとする一方、教育基本法改正のなかでも同じように、

教育基本法10条が「教育は、不当な支配に服することなく」とあるのを「教育行政は、不当な支配に服することなく」に転換し、国民主権から国家主権に転換させようとしています。さらに教育基本法改正は、まさしく今回の自民党がめざす改憲案と同じ方向をめざしており、「個人の価値を尊び平和、平和的な国家及び社会の形成者」、「真理と平和を愛する人間の育成」、「機会均等」、「自主性」、「男女平等」という、教育基本法の中で最も重要な部分を削除し、国民の教育権から国家の教育権へと大きく転換させようとしています。

　最近、中国、韓国が反対している、侵略戦争を肯定する歴史教科書を採択させようとしている「新しい歴史教科書をつくる会」の動きや、日の丸・君が代を教育現場に強制し、教師のみならず子どもにも民主主義の根本原則である思想・良心・表現の自由を制限し、奪おうとする動きが、東京都のみならず文部科学省の指導で全国の教育現場にも広がりつつあります。その意味でも、教育の現場における教育者と呼ばれる人たちの憲法改正、教育基本法改正についての意見・表現の自由、言論・集会の自由、知る権利、学ぶ権利を保障することは大切なことなのです。

▶▶まとめ

　以上のような問題があるにもかかわらず、この65条に違反すると、91条3項で「65条の規定に違反して国民投票運動した者は1年以下の禁固又は30万以下の罰金に処する」とし、刑罰の脅かしをもって、教育者の改憲に関する運動、表現の自由、知る権利、学ぶ権利を奪おうとしています。これは杞憂ではありません。現に、日の丸・君が代を強制し、これに違反した者を刑事罰をもって脅かし、さらに逮捕したうえ、刑事裁判にかける事態が起きています。教育者の運動を刑罰の脅かしをもって制限しようとしている国民投票法案は、あまりに問題が大きいというほかありません。

❹公務員に対する制限

　国民投票法案は、63条と64条の2カ条を設けて、公務員に対する国民投票運動規制を定めています。63条が「特定公務員」といわれる者に対する全面的な国民投票運動の禁止規定で、64条が国家公務員・地方公務員の全体を対象とした「地位利用の運動」を禁止する条項です。この運動規制のしくみは、公職選挙法をそのまま移しかえたものとなっています。

　いうまでもなく、公務員も主権者である国民の一部です。その数、国家公務員

は80万人、地方公務員は300万人、総数380万人という多数にのぼります。主権行使の主要舞台であり、重要な基本権行使の場である憲法改正のための国民投票手続きにおいて、公務員が公務員であるがゆえに国民投票運動から除外されることなどあってはなりません。

　しかも、各回の公職の選挙に比して、国の根本規範をどう作るかという、より重要な憲法改正のための国民投票においては、全国民に自由な運動を保障する必要性がより高いものと考えられます。

　この見地から、法案は、公務員に対して憲法改正の是非に関する意見表明の自由を正当に保障するものといえるでしょうか。この規制は果たして妥当なものでしょうか。

▶▶63条は不必要？

　法案63条は、特定公務員等は「在職中、国民投票に関し憲法改正に対し賛成又は反対の投票をさせる目的をもってする運動（以下「国民投票運動」という。）をすることができない」としています。この規定に違反して国民投票運動をした場合には、6カ月以下の禁錮または30万円以下の罰金に処せられる（法案91条1項）ことになっています。

　この規定の文言は、公職選挙法136条とまったく同じ。「選挙運動」が「国民投

票運動」に置き換えられただけで、罰則（公職選挙法241条）まで同じです。

　公職選挙法の禁止規定の根拠については、職務の公正と選挙の公正を担保するためと説かれます。同様の根拠が国民投票運動規制として通用するでしょうか。

　法案64条は、公務員等が「その地位を利用して国民投票運動をすることができない」としています。この規定に違反して国民投票運動をした場合には、2年以下の禁錮または30万円以下の罰金に処せられる（法案91条2項）ことになっています。

　この規定は、公職選挙法136条の2とまったく同じ。「選挙運動」が「国民投票運動」に置き換えられただけで、罰則（公職選挙法239条の2第2項）まで同じです。

　まず、主権者である国民には可能なかぎり、憲法改正は是か非かという情報を発信する国民投票運動の権利を保障すべきであるという観点からは、63条は不要ではないでしょうか。64条だけで、十分すぎる規制というべきでしょう。

　また、64条は、「地位利用」の場合だけが規制対象となっていますから、一見さしたる問題はなさそうに見えます。地位利用でない公務員には国民投票運動の自由が保障されているのなら、そのとおり。ところが、実はそうではないところに、深刻で根が深い問題があります。

▶▶裁判例から考える

　悪名高い最高裁大法廷判例のひとつとして、猿払事件判決（1974年11月6日）があります。罰金5000円の刑を言い渡した有罪判決です。郵便局に勤務する内勤職員が総選挙に際して日本社会党公認候補者のポスターを公営掲示板に貼るなどした行為を、国家公務員法違反の政治的活動にあたるとしたものです。一審・二審とも無罪だったものを逆転して有罪判決を言い渡し、最高裁が誰のために、何のためにあるかを天下に示した判決でもあります。

　起訴された郵便局員がした行為は、明らかに選挙運動でした。それが、「公務員としての地位を利用した」ものであれば、公職選挙法136条の2違反の犯罪となります。しかし、職務上で裁量権を持たない郵便局員によるポスター貼りが、「公務員としての地位を利用した選挙運動」でないことは明らかです。それでも、警察・検察はこれをなんとしても取り締まらねばならないと考えました。そこで、公職選挙法ではなく、国家公務員法違反の政治活動禁止規定が持ち出されたのです。しかも、国家公務員法違反の法定刑のほうが、少なくも最高刑は公職選挙法のそれよりも重いのです（3年以下の懲役または10万円以下の罰金）。

　こうして、郵便局員が、勤務時間外に、郵便局の設備の利用なく、公営掲示板

にポスターを貼る行為が有罪とされたのです。地位利用にかかわりなく、公務員の選挙運動は事実上全面禁止とされているのが実態なのです。

「悪しき最高裁判例の見本」とまで学説からは酷評されるこの判決。過去の化石ではありません。実は、まだ生きているのです。

2004年3月3日、警視庁公安部と月島警察署は、目黒社会保険事務所の職員を逮捕し、政党事務所を含む6カ所を強制捜索しました。今度は、日本共産党への弾圧です。やはりこれも、選挙運動としてのビラ配布を国家公務員法の政治活動禁止規定違反としたもの。もちろん、休日の活動。勤務先の社会保険事務所とははるかに離れた中央区でのビラ配布。職務とはなんの関係もない活動です。徹底した尾行によるビデオ撮影で証拠を固めて、なにがなんでもの逮捕。そして、起訴となりました。2005年7月現在、東京地方裁判所で一審公判が継続中です。

条文は、その字面だけではなく、裁判例とあわせて理解しなければなりません。猿払事件最高裁判決を前提とするかぎり、地位利用であろうとなかろうと、実は公務員の選挙運動は、政治活動として全面的に禁止されることになります。

ポスター貼りというかたちの選挙運動ですら政治活動にあたるというのですから、国民投票運動も、おそらくはそのすべてが公務員の政治活動にあたるとされることは明らかと考えざるをえません。

国民投票法64条は、このことを前提としたしらじらしい規定なのです。つまり、一見「公務員の地位利用の国民投票運動」だけが禁止対象とされるように見えますが、実はそうではない。地位利用であろうとなかろうと、国民投票運動のすべてが、公務員の政治活動として一律禁止の対象になる。しかも、最終的には罰金5000円でも、有無をいわさず逮捕され、勾留され、家宅捜索され、なんでも押収された挙げ句に起訴をされる。こういう恐怖の弾圧がまかり通っているのです。国民投票法案63条・64条があろうとなかろうと、事実上、一般職公務員の全部が、国民投票運動から排斥されていると指摘せざるをえない現状なのです。

ですから、本当に公務員の人権を重んじ、改憲論議への参加を当然の権利として認めるのなら、「国民投票においては、国家公務員法や地方公務員法の政治活動禁止規定の適用はしない」ことを明文化しなければなりません。それなくして、公職選挙法の条文を国民投票法に移し替えただけでは、まったく形式的な条文いじりをしているだけ。公務員の主権者としての国民投票運動の権利は実質において奪われっぱなしということなのです。

2 メディアに対する規制

❶国民投票の結果に影響を及ぼす目的の報道評論の禁止

　国民投票法案は市民が改憲について自由に議論をしたり、意見をたたかわせることを極端に嫌っています。このことを端的に示している問題条項が70条3項です。この条項は次のように規定しています。

　「何人も、国民投票の結果に影響を及ぼす目的をもって新聞紙又は雑誌に対する編集その他経営上の特殊の地位を利用して、当該新聞紙又は雑誌に国民投票に関する報道及び評論を掲載し、又は掲載させることができない」。

　この条項を素直に読めば、新聞や雑誌の編集長やデスクが改憲案について賛否を明らかにしたり、賛否が容易にわかるようなやり方で論評すること自体が選挙犯罪となるということになります。どうしてこのような極端な規定が作られているのでしょうか。

▶▶死文化している公職選挙法148条の2第3項に倣った規定

　この規定は、公職選挙法148条の2第3項が「何人も、当選を得若しくは得しめ又は得しめない目的をもって新聞紙又は雑誌の編集その他経営上の特殊の地位を利用して、これに選挙に関する報道及び評論を掲載し又は掲載させることができない」と定めていることに倣って、「当選を得若しくは得しめ又は得しめない目的」を「国民投票の結果に影響を及ぼす目的」に変えて立案されたものです。

　しかし、もともと公職選挙法148条の2第3項自体、選挙活動を規制するものとして広範すぎるのではないかという疑問があるところです。過去にその違憲性が争われた事件もあります（最高裁昭和37年3月27日判決）。この判決についての判例解説によれば、「ここで禁止されているのは要するに、個人が新聞雑誌を特定の候補者のため、またはこれに反対して、利用する行為、いわば社会の公器たるべき新聞雑誌を、私する場合であるといえる」としています（『最高裁判所判例解説刑事編（昭和37年度）』〔法曹会、1973年〕80頁）。過去の判例を見ると、被告人は表現の自由を濫用して選挙の公正を害そうとしたものでないとして、特定の候補に有利となる記事を掲載したとしても同条項に反しないとして無罪判決が言い渡されている例もあります（大阪高裁昭和36年11月7日）。

　そして、実際には昭和40年代以降には、この条項を適用して新聞雑誌関係者が罪に問われたようなケースは少なくとも判例集には登場しません。むしろ今日

では、汚職の疑いや行動の品位に問題がある議員について、それらの事項を暴き、結果としてその候補が落選したとしても、それは正当な選挙報道であると考えられています。現実にこの条項をもとにしたメディア規制は行われておらず、この公職選挙法の規定自体が事実上死文化した規制であるといってよいでしょう。

▶▶「国民投票の結果に影響を及ぼす目的」を持つのは当然

仮に公職選挙法の規制が意味のあるものだとしても、国民投票の結果に影響を及ぼすことと特定の候補者の当選とを同列視し、「国民投票の結果に影響を及ぼす目的」の報道評論を制限しようとすることは、規制目的そのものに一片の合理性も認められません。

そもそも国民投票に関する報道評論というものは、客観的な事項の報道を除けば提案されている改憲案に積極的か消極的かの意見を述べるしかなく、「国民投票の結果に影響を及ぼす目的」を持つことは当然だからです。

表現の自由とはなによりも意見表明の自由でした。憲法改正国民投票は国民が主権者としての憲法制定権を行使する局面であり、いかなる場面に比較しても、最大限の意見表明の自由が保障されなければなりません。

▶▶私的か公的かで規制を分けようとする恣意性

保岡興治議員（自由民主党政務調査会憲法調査会会長）が、2005年3月7日、

マスコミ倫理懇談会全国協議会の合同会議に招かれ、その会議の席で配布した「国民投票運動に関する規制（マスコミに係る部分）について」と題する文書の3項によれば、この条項にもかかわらず、「新聞紙、雑誌が社会の公器として正しく国民投票に関する報道、評論を行う限り結果的に国民投票運動の効果を持ったとしても何ら問題はない」としています。つまり、経営上の特殊な地位にある者が、私的な立場からその地位を不当に利用して報道評論すれば犯罪となりますが、公的な立場から報道評論を掲載し、掲載させることは制限されないというのです。

しかし、このような説明を聞けば聞くほど、この規制はきわめて異常であることがわかってきます。そもそも、報道評論が公的なものか私的なものかなど区別できるものでしょうか。また、社会の公器としての公的な立場からのものか、地位を不当に利用した私的な立場からのものかを誰がどのような基準で区別・判断するのでしょうか。結局のところ、権力の座にある者から見て都合のよい言論は公的なもの、都合の悪いものは私的な立場からのものとされることが、火を見るよりも明らかではないでしょうか。

▶▶社論以外の報道評論の圧殺が目的

結局、この70条3項は、改憲案について各報道機関に対して、各社の統一された公式見解を作ることを強制し、その紙面にはこの見解に沿った報道評論だけしか報道されない状態を作り出そうとしているのです。

表現の自由は民主主義の基礎です。憲法が変えられようとするときに、報道機関の構成員や社外のジャーナリストを含めて、一人ひとりの個人的な見解を表明することが許されないような法規制は、言論に携わるすべての者にとって表現の自由の圧殺そのものであり、民主主義の完全な否定といわなければなりません。自民党の狙っている改憲の方向性とその本質が、このような憲法改正国民投票法案の規定にも露骨に現れているといわざるをえません。このような規制を決して許してはなりません。

❷予想投票の公表の禁止

国民投票法案68条は国民投票の予想投票を禁止しています。これは公職選挙法の人気投票の禁止（公職選挙法138条の3）を受け継いでいるものと説明されています。

予想投票禁止といえば、改憲案に関する投票を行い、その結果を報道したり発表することに限定されるように読めます。しかし実際の規制はもっと広くなると

説明されています。前項で紹介した「国民投票運動に関する規制（マスコミに係る部分）について」と題する文書の1項によれば、新聞社等が行う世論調査でもそれが面接方式ではなく投票方式によるものであれば、この規制を受けるとされています。

▶▶世論調査のひとつの役割は争点の提示

　争点が明示されることにより人々は選択を迫られ、回答を出します。世論調査とその報道により、人々は憲法改正の真の争点を知ることになります。

　プライバシーや環境権などの新しい人権規定がないから作る必要がある、とか制定後時間が経ったから古いという改憲論が唱えられますが、これは本当に改憲か否かの選択の分かれ目なのでしょうか。

　憲法を改正するという選択をするかどうかは、国民一人ひとりの人生とこの国の行方にとって決定的な意味を持ちます。それは今後の国のあり方、憲法で国をしばるか、あるいはもっと国民の義務を謳う憲法にするかなど、国と国民の関係を選択したり、海外における軍事力の行使を肯定するか、戦争に参加するか否か、など国際関係のあり方の選択です。

　そのような選択には、ああも考えられる、こうかもしれないと迷い、友人、家族、知人と話し合い、だんだんと自分の意見を形成してゆく過程が必要です。こうした意見形成の過程において、同時代に生きる人々が今どのような選択肢を選

ぼうとしているのかということはきわめて重要な情報だと考えられます。

1990年頃から2005年にかけて、新聞が伝える憲法改正をめぐる世論の動向は改正賛成に向けて少しずつ変化を遂げているといわれています。しかし、憲法9条の戦争放棄、戦力不保持に関する条項についての調査の結果を見ると、賛成と反対はきわめて微妙な拮抗関係にあるといえます。

実際に国会による発議がなされ、本当に改憲してよいのかといった問いかけがなされた場合、国民世論が急激に変化する可能性も大いにあるでしょう。それはそれで、大いに迷った末の国民の意見の形成、選択ということになるはずです。その選択に至る過程では、国民の討議する自由、迷う自由、意見形成した世論調査を公表する自由は保障されるべきです。

▶▶結社の自由への干渉

もうひとつ強調すべきは、68条の規定では、「いかなるもの」も予想投票の公表をしてはならないとなっている点です。マスメディアだけではなく、市民団体や弁護士会、医師会などの職能団体、労働組合などの団体内部で、内部的な意見調査を行い、討論の資料とすることも禁止されていることに注意を向けなければなりません。

国民投票では膨大な数の投票参加者が重要な意思形成を行っていくのですから、職能、地域の団体内部の自治は十分に保障されなければなりません。この禁止規定によって、各種の結社の自由への干渉が行われることへの警戒が必要でしょう。

以上のような規制に対して、これに従わず、投票の形式をとった世論調査の公表とみなされれば2年以下の禁錮、または30万円以下の罰金という刑事罰に問われることになっています。

市民的及び政治的権利に関する国際規約（自由権規約）19条1項は、「すべての者は、干渉されることなく意見を持つ権利を有する」と規定していますが、ほかのメディア規制の条項とあわせ、この世論調査公表の禁止条項は自由権規約19条1項に反する規定といわざるをえません。

❸新聞、雑誌などに対する規制

国民投票法案69条は、「新聞紙（これに類する通信類を含む。……）又は雑誌は、国民投票に関する報道及び評論において、虚偽の事項を記載し、又は事実をゆがめて記載する等表現の自由を濫用して国民投票の公正を害してはならない」と定

め、さらに85条1号は、これに違反して「国民投票の公正を害した」場合に、最高2年の禁錮刑の罰則を設けています。

同条は「虚偽の事項」の記載を禁じていますが、これは結局、「事項」の設定の仕方次第で、いかなる誤りも許さない規定とならざるをえません。

また、ある事項が「虚偽」かどうかは実際のところ微妙で相対的である場合が多いし、事実を「ゆがめ」ているか否かはさらに微妙な判断となりますから、上記のような規定は、制限の範囲がきわめて曖昧かつ広汎というほかありません。

このような規定によって、何をどこまで表現してよいのかが不明確となり、マスメディアが自粛することとなります。そのこと自体、表現の自由に対する重大な侵害といえますが、法案はさらにその違反に対し刑事罰まで設けているのです。

▶▶マスメディアの萎縮効果が狙い？

改憲論議は、積極的かつ活発に行われなければならないにもかかわらず、69条のような規定があることによって、確実にマスメディアは萎縮してしまいます。さらに、「新聞紙」、「これに類する通信類」および「雑誌」という概念の範囲も曖昧であり、このような規定の仕方では、国民投票に関して、不特定多数の人に向けた表現行為がすべて規制の網にかかってしまう可能性を否定することはできません。少なくともその懸念がある以上、表現行為に対する萎縮効果は非常に大きくなってしまうのです。

憲法改正は市民の人権に直結するのであり、国民投票を法制度化するのであれば、自由で活発な議論が十分になされる環境をこそ整えなければならないはずです。そして、自由で活発な議論をなしうる環境とは、誤った議論を押さえ込むのではなく、むしろ、議論する過程で誤りがあったとしてもそれを許容することが不可欠です。言論の誤りは言論によってのみ指摘されるのでなければ、自由な表現は実現できません。「これに類する通信類」などという曖昧な定義で罰則をもって報道を制限する69条は、表現の自由の明白な侵害であるばかりか、あるべき国民投票法制にも真っ向から反するものであるといわざるをえません。

また、そもそもこの条項は、公職選挙法の同様の規定をそのまま横滑りさせて作成したとされています。しかし、人を選ぶ公職選挙法と国のあり方を決める憲法改正国民投票法案を同じように規制するのは、問題があります。人を選択する場合、たとえば、虚偽の人格的誹謗中傷などが加えられることによって選挙結果に大きな影響を及ぼす可能性がありますから、偽りの記事や事実をゆがめた記事を掲載することを防ぐ必要性はあるかもしれません。しかし、憲法改正国民投票

法案の場合、国のあり方を選ぶわけですから、そのあり方をめぐる議論しかしようがなく、選挙での不当な人格攻撃のようなものを行うことはできません。公職選挙法と比較しても、この条項は、不要な規制だというほかありません。

▶▶新聞・雑誌の不法利用等の制限

70条は、「新聞紙または雑誌の不法利用等の制限」と題して、3つの行為類型につき制限を設けています。そのうち、70条3項については、すでに述べたとおりです。

第1項は、「何人も、国民投票の結果に影響を及ぼす目的をもって新聞紙又は雑誌の編集その他経営を担当する者に対し、財産上の利益を供与し、又はその供与の申込み若しくは約束をして、当該新聞紙又は雑誌に国民投票に関する報道及び評論を掲載させることができない」とし、新聞・雑誌の報道機関に対し贈賄的な行為をして国民投票に関する報道・評論、すなわち、改憲案に関する報道・評論をさせることを禁止しています。

また、第2項は、逆に、「新聞紙又は雑誌の編集その他経営を担当する者は、前項の供与を受け、若しくは要求し、又は同項の申込みを承諾して、当該新聞紙又は雑誌に国民投票に関する報道及び評論を掲載することができない」とし、新聞・雑誌の報道機関が収賄的な行為をして国民投票に関する報道・評論、すなわち、改憲案に関する報道・評論をすることを禁じています。

これらは、利益供与によっ改憲案に関する言論が歪曲されるのを防止するという意味で、一見、合理性があるように見えます。

しかし、上記の規定の仕方では、一般市民が新聞・雑誌を利用して改憲案に関する意見広告を掲載しようとする場合、広告掲載に対価の支払いを要することは当然であるため、そのような行為も制限を受けかねず、上記規定は過剰な制限というべきです。しかも、これらの違反行為に対しては罰則が設けられ、法定刑は5年以下の懲役または禁錮ときわめて重いものとされています（73条）。

これでは市民のメディアを利用しようという気持ちを萎縮させることになります。

❹虚偽放送などの禁止

国民投票法案71条は、「日本放送協会又は一般放送事業者は、国民投票に関する報道及び評論において虚偽の事項を放送し、又は事実をゆがめて放送する等表現の自由を濫用して国民投票の公正を害してはならない」と規定しています。そ

して、これに違反して「日本放送協会又は一般放送事業者が国民投票の公正を害したときは、その放送をし、又は編集をした者は、二年以下の禁錮又は三十万円以下の罰金に処する」と罰則も定められています（86条）。

▶▶虚偽、ゆがめられた事実とは？

　この条文を一見すると、わが国のあり方を決める憲法の改正がなされるに際しては、虚偽のことがらやゆがめられた事実が放送されてしまっては、私たち国民が憲法改正について正しく判断することができなくなってしまい、国民投票の公正が害されてしまうから、そのような放送が規制されることはもっともだと思えるかもしれません。もちろん、わが国のあり方を決める憲法の改正手続きですから、その手続きは公正になされなければなりません。

　しかし、仮にこの法案がこのまま成立して実際に運用される段階に至った後のことを想像してみると、放送された事項が「虚偽」である、あるいは事実が「ゆがめ」られているというのはどういう場合なのか、「評論」は評論する人が自らの考えに基づいて述べられるのが通常ですが、そのような場合に、評論者が把握し、理解した事実が虚偽であるとか事実をゆがめているという判断をすることができるのか、「虚偽」であるか否か、あるいは、「事実をゆがめ」たか否かについては誰が判断するのかといった点について、重大な心配が生じてきます。つまり、「虚偽」であるとか「事実をゆがめ」るという文言の定義が曖昧で、この法律を解釈し適用して取り締まる人たちの考え方次第で、「虚偽」放送あるいは「事実をゆがめ」た放送と判断されて、放送が規制されてしまう事態が生じるのではないかという心配です。

　71条は虚偽の放送等「表現の自由を濫用して国民投票の公正を害してはならない」と規定し、86条は71条に違反して「国民投票の公正を害したとき」に刑罰を科しています。現行憲法21条が規定する表現の自由は、国家の政策決定等に関して自由で活発な議論を尽くし、そのうえで結論を出すことが民主主義を支える大前提であるという考え方のもと、最大限に保障されています。今、まさに国家のあり方、根本的な政策を、民主主義に基づいて自由で活発な議論を尽くしたうえで決めようというときに、「表現の自由を濫用」する放送というのはどのような放送なのか、また、「国民投票の公正を害す」というのがどのような事態を指すのかきわめて不明確というしかありません。ここでも、法律を解釈し適用する人たちの考え方次第で、表現の自由が濫用された、または、国民投票の公正が害されたという判断がされてしまう危険性が大きいのではないかと思われます。

▶▶放送が広く規制対象となる

また、71条をよく読んでみると「虚偽の事項を放送し、又は事実をゆがめて放送する『等』」と書いてあり、必ずしも虚偽事項の放送や事実をゆがめた放送にかぎらず、表現の自由を濫用して国民投票の公正を害する放送を広く規制対象とできるような内容になっています。表現の自由の濫用であるとか国民投票の公正を害するという不明確な基準によって、場合によっては禁錮刑を科せられてしまうというリスクがあるとすれば、放送事業者は萎縮してしまい、憲法改正に関する報道や評論をすることを躊躇する事態に陥るのではないかということも予想されるのです。

私たちが国家のあり方を民主主義に則って決める憲法改正手続きにおいては、私たちは知りうるすべての情報に接して、自由に議論し、そして結論を出すことが重要です。しかし、放送事業者に強烈な萎縮効果をもたらし、また、国民投票法を解釈適用する側による直接的な介入によって放送が規制されるとどのようなことになるか。私たちは十分な情報を得ることができず、改憲にあたって自由で活発な議論をするための前提条件を欠いてしまいます。現行憲法21条が保障する表現の自由は、改憲について論議されている状況においてこそ、その本来の重要性が認識されなければならないのではな

2 メディアに対する規制　37

いかと思われます。
　このような観点から、憲法改正に関する放送を規制する国民投票法案71条・86条は、不当に表現の自由を制約する危険性が高く、ひいては私たち国民の改憲に関する判断に支障を来すおそれがあり、かえって国民投票の公正が害されるおそれがあるので、再検討される必要があると思われます。

CHAPTER 3
杞憂ではない理由──戒厳令下の日本

　これまで述べてきたとおり、憲法改正については、改憲の要否の問題をも含めて、憲法制定権者である国民の間で自由で活発な議論がなされることが保障されなければならないことは当然です。そのためには、改憲案の発議者である国会においてどのような議論がなされていたかが正確に報道・伝達され、それをもとに国民の間で自由、かつ十分な議論がなされ、またその議論の結果が国民投票に正確に反映されるようにしなければなりません。しかし、Chapter 2で述べたように、現在提案されようとしている国民投票法案は、さまざまな制約が設けられており、しかも違反者に対する重罰規定が設けられています。これでは改憲問題をめぐって国民間に自由な議論がなされることが危ぶまれます。

　市民のなかには、それは心配しすぎだ、議連案要綱によれば、「この規定は、新聞紙、雑誌等が国民投票に関して虚偽の報道等を行うことを禁止したものである。例えば、憲法を改正した場合あるいは改正しなかった場合に、どのような事態が生じるかについて予想を記載するような行為は、一般的には虚偽の報道には当たらない」（第11の6項）とされているのだから、ふつうに運動し、ふつうに報道することについては問題はないはずだ、と思う人がいるかもしれません。

　しかし、現実には、自分の主張を伝えるためのビラを配布しただけで、逮捕されたり、刑事裁判にかけられたりしている実態があります。権力者にとって不都合な情報が出回るのを防ぎたいという欲望を権力自らが抑えることは、むずかしいのです。

　そこで、表現の自由をめぐって今何が行われているのか、見てみることにしましょう。

▶▶「微罪」、別件逮捕、何でもあり

　2004年2月、立川自衛隊宿舎にイラク反戦ビラを入れていた市民団体のメンバー3人が、住居侵入罪の容疑で逮捕されました。同年3月5日付朝日新聞社説は、「いきなり逮捕した上、事務所から手帳やパソコンを押収していくのはあまりにも乱暴だ」、「逮捕すべき事件だったのか」と疑問を呈し、「自衛隊派遣に反対する内容のビラだったからこそ、逮捕に踏み切ったのだろう」と記しました。

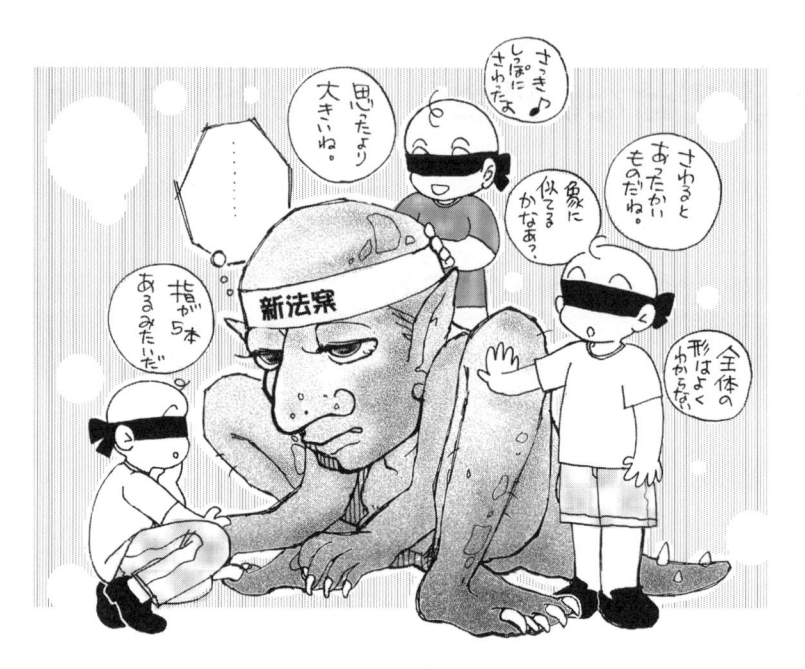

驚くべきことに検察官はこの事件を起訴してしまいましたが、同年12月16日、さすがに裁判所は3人を無罪としました。しかしその直後、東京の東、葛飾のマンションでビラ配りをしていた男性が逮捕されました。今、このような「微罪事件」による逮捕・起訴が続出しています。

　「微罪」や別件逮捕による逮捕・勾留・起訴、あるいは家宅捜索は、これまでにもなかったわけではありません。そもそもこのような捜査手法は、警察の警備部門、公安部門の常套手段でした。古くは1970年代以降、日本赤軍あるいは「武装」ゲリラ闘争をしている新左翼諸党派に対して、そのような捜査が行われてきました。本名でなく、ペンネームで住居や事務所を借りたときも詐欺罪として、あるいは運転免許証の住所から引越をした後、免許証の住所の記載を変更しておかなかったことも免状不実記載ということで逮捕されてしまう。

　そして、今、過激派は一般人から縁遠いものとなりましたが、同じ捜査手法が、市民の真摯な表現行為に対して使われるようになってしまったのです。たとえば、環境保護団体であるグリーンピースのメンバー3人が塩化ビニールを使ったおもちゃに反対するキャンペーンの一環としておもちゃの展示会の会場の外壁でロッククライミング状態で横断幕を張った際、メンバーは建造物侵入などの疑いで逮捕・勾留され、11日間も身柄を拘束されました。1999年3月のことでした。この逮捕・勾留は、おもちゃの展示会の主催者が被害届けを出さなかったにもかか

Chapter 3　杞憂ではない理由——戒厳令下の日本

わらず、会場の管理者から被害届けをとりつけて行われ、グリーンピース・ジャパン事務や事務局長方が捜索されるに至ったのです。

次に述べるように、この傾向はここ2、3年の間に悪化しています。徐々に息苦しくなる状況は、まさにフランスでベストセラーとなった「茶色の朝」を思い出させます。

▶▶ある教師への弾圧

2004年3月11日、都立板橋高校の卒業式に来賓として出席していた元同校教員の藤田勝久さんは、式開始前に、出席していた卒業生の保護者らに向かって、都立高校の卒業式で「日の丸・君が代」の強制がなされていることの問題点を訴え、「国家斉唱のとき、教職員が立って歌わないと処分されます。ご理解願って、国家斉唱のときはできたら着席をお願いします」などと話しました。藤田さんのこの発言に対して同校校長らが制止し、藤田さんの退場を求め、式場から閉め出しました。その後、卒業式は時間に遅れもなく開始され、無事終了しました。

ところが、同月26日、大量の警察官が板橋高校に押しかけ、長時間にわたり関係者の供述を聴取し、同日付けで同校より被害届けが出されました。また、5月21日早朝には藤田さん宅への家宅捜索が強行され、さらに12月3日、検察庁は藤田さんの前記行為を威力業務妨害罪として起訴したのです。

▶▶ある公務員への弾圧

2004年3月3日、警視庁公安部は社会保険事務所に勤務する厚生労働事務官である堀越明男さんを国家公務員法110条1項19号、102条1項、人事院規則14－7、第6項7号・13号「政治的行為の制限」違反で逮捕しました。

容疑は、「2003年の衆議院選挙において、いずれも休日である10月19・25日、11月3日に赤旗号外・東京民報号外を日本共産党を支持する目的をもって配布した」というものです。そして同月5日、東京地検公安部は堀越さんに対して勾留請求することなく釈放しましたが、同時に在宅で起訴しました。

本件の起訴には以下のような特徴があります。

①国家公務員法102条・110条、人事院規則14－7第6項各号の政治的行為の制限による起訴は33年間行われていなかったのに、今回突如として行われた（逮捕は20年前に1回あるが結局起訴できずに終わっている）。

②起訴された行為は、休日に勤務地と離れた居住地で行われた行為であり、職務とも勤務場所ともまったく関係がなかった。

③裁判を通じて以下の事実が明らかとなった。すなわち2003年4月から警視

庁公安部の指揮の下に５月まで堀越さんの尾行が行われ、その後10月、警視庁公安部７名、月島警察警察課５名の合同捜査本部が作られ、毎日のように多数名による尾行が行われ、32本のビデオが撮影されるなど大がかりな捜査が行われた。

このように本件の起訴は通常の選挙違反等と異なり、警察の公安部門が総力を挙げて取り組み、長期にわたり準備万端を整えて起訴に持ち込んだものです。

▶▶頻発する微罪逮捕

2005年３月４日、東京都町田市の都立野津田高校の卒業式の日、同校正門前バス停付近で「日の丸・君が代」強制反対のビラをまいていた「全国労働組合交流センター」に所属する活動家の男性２人が、建造物侵入の容疑で逮捕されました。検察官の勾留請求に対して東京地裁八王子支部は、ビラをまいていたところは学校の敷地内ではあるが、門の外であり、バス停もあり、人の出入りするところであって、建造物侵入とはいえないとしてこれを却下しました。

この決定に対し検察官は準抗告（異議申立）をしましたが、準抗告審を構成した八王子支部の３名の裁判官はこれを棄却しました。同月６日、この男性２人は釈放されました。

同月８日、葛飾区の都立農産高校の卒業式の日、同校正門付近で「日の丸・君が代」強制反対ビラを配布しようとしていた「全国労働組合交流センター」の男性活動家が、同じく建造物侵入の容疑で逮捕されましたが、身柄の送致を受けた検察官は、勾留請求をすることなくこの男性活動家を釈放しました。

2005年５月14日、横浜簡易裁判所は警察の立入禁止ラインを二重にくぐり抜けて死体遺棄現場に入り込み、写真を撮ろうとして住居侵入罪の容疑で逮捕・勾留されていた写真週刊誌「フラッシュ」の記者２人に対し、各罰金10万円の略式命令を下しました。記者らの行為は道徳的に非難されるとしても、刑罰をもって臨むほどのことでしょうか。

以上のように、市民の表現の自由、メディアの表現の自由があからさまにおびやかされる事例がこれまでなかったほど頻発しています。他方、この数年、イラクへの自衛隊の派遣や郵政民営化などの重要課題を決定する際、政府には真摯に説明をし、議論をしようという姿勢が欠けているように思われます。政府は、世論が二分するであろう憲法改正国民投票が行われるときも、多数決で押し切ろうとするあまり、邪魔な市民およびメディアの口をふさごうとするおそれがあります。国の未来を左右する憲法をめぐる国民投票については、こんなおそれが少しでもあってはならないのです。

Chapter 4
私が決めたとおりには投票できない?!
──一括投票か、個別投票か

▶▶とあるレストランにて

　ここまで読まれて、国民投票法案が問題のある法案だということはよくおわかりいただけたと思います。
　身近なことにたとえると、こんな感じでしょうか。

　ある日、私たち家族は近くのレストランに行きました。とても高級なレストランで、めったに行けるものではありません。一番下の子どもはまだ幼く、レストランでは他人に迷惑をかけるし、２番目の子どもも、まだ大人っぽいお店の雰囲気を壊しそうです。そこで、高校を卒業した一番上の子どもだけ連れて、私たち夫婦とおじいちゃん、おばあちゃんと５人で出かけました。
　ところが、レストランは、子どもは入場禁止と言って、高校を卒業した子どもの入場を拒むのです。仕方なく、私たちは子どもに帰るように言いました。
　次に驚いたのは、メニューを見たときです。新しいメニューばかりで、読んでも具体的イメージが今ひとつという感じだったのです。
　そこで、メニューについて詳しそうな外国人がほかのテーブルにいたので席を立って聞こうとしたら、ウェイターが察知して、「お客様同士お話しするのは結構ですが、外国の方のアドバイスを受けてはいけません」と言うのです。じゃあ専門家に聞こうと思ってウェイターに声をかけたところ、「教えられません。自分で決めてください」と言うだけで、アドバイスはしてくれませんでした。
　それで、どうにかこうにか自分なりにメニューを検討し、何を注文するか、決めました。前菜はこれにして、メインディッシュはこれで、デザートはあれだなって……。注文するのが、楽しみです。
　が……。

　本章のテーマはこの続きに関係あるのです。

　が……。
　ウェイターは、「お客様、当店では本日、メニューは２コースのみ。どちらか

Chapter 4　私が決めたとおりには投票できない?!──一括投票か、個別投票か

をお選びください。アラカルトではオーダーできません」と、冷たく言い放ったのです。

　えっ、自分で組み合わせが選べないって。せっかく一生懸命考えて選んだのは何のためだったのか……。

　そもそも、2つのコースから選べたって、片方にはこれまでの人生でただ1つだけ嫌いなセロリ入りのメニューが入っているから食べられないし、もう片方には蕎麦粉が入った生地が使ってあるから蕎麦アレルギーの私には手も出せない……。

　実は、国民投票法案でも、単品（アラカルト）で選択できるか、それともコースでしか選択できないかという重要なテーマがあるのです。

▶▶あっちを立てればこっちが立たず……

　憲法という国民の権利に重大な影響を与える法のあり方を選択する場合、自分で最もよいと思う選択をしたいのは当然です。

　たとえば、自衛隊を将来的には廃止するべきだと考えつつ、環境問題に重大な関心を抱いている人がいたとしましょう。もし、改憲案が憲法9条の撤廃と環境権の新設のセットだった場合、環境問題を前進させるためには憲法9条の撤廃もやむなし……と割り切れるでしょうか。

　逆に、テロ対策のためには憲法9条を廃止して自衛隊を海外に派遣できるようにする必要があるけれど、名誉毀損を防ぐため表現の自由に一定の制約文言を入れたいと考えている人がいたとしましょう。もし、改憲案が憲法9条の戦争放棄を徹底する条項と表現の自由の改正条項とのセットになっていた場合、反対、賛成、どちらに投票したらいいか、迷うのではないでしょうか。

　国民投票法案骨子によれば、「投票用紙の様式、投票の方式、投票の効力その他国民投票に関し必要な事項は、憲法改正の発議の際に別に定める法律の規定によるものとすること」とされているだけで、憲法の複数の条項について改正案が発議された場合に、条項全部について一括して投票することとなるのか、それとも、条項ごとに個別に投票することになるのかについて、明らかにされていません。

　しかし、国民投票法案骨子によると、「例えば、複数項目に係る憲法改正案の場合に、全体を一括で国民投票に付すか、項目別に国民投票に付すかに応じて、投票用紙の様式等が定められたり、また、憲法改正案の内容（分量）に応じて、投票用紙への改正案の記載の有無が定められたりすることとなる」とされており、

改正条項が多数になる場合には、改正案の発議とともに、一括での国民投票とする法律が決められるおそれがあります。
　というのも、上記骨子（与党案）の前身の「議連案要綱」（第5の四）には「憲法改正の内容が複数の事項にわたる場合、一部に賛成で、一部に反対という意思表示の方法を認める必要があるのではないかが問題になる。しかし、そのような場合は、国会が改正案を発議する際に、改正の対象となる各々の事項ごとに発議を行えば、各事項に係る発議に対応して投票を行うことになるので、一部賛成、一部反対の票を投じることと同じ結果が得られるのではないか。すなわち、この問題は、国会の発議の方法を工夫することによって解決できると思われる」とされており、一括投票ではなく、個別投票を選択しているように思われていたからです。個別投票案からの大幅な後退といってよいでしょう。
　もし一括投票制をとった場合、主権者である私たち国民の意思が正確に憲法改正に反映されなくなってしまいます。自分が賛成する条項と反対する条項の両方がある場合、賛成するべきか、反対するべきか……。結局、棄権することになるかもしれません。
　私たちは、私たち国民の権利にかかわることは私たち自身で決めるという国民主権を大原則としています。この国民主権は、日常の政治については、それを担当する国会議員を選び、具体的な法律は国会議員らが決めるという方法がとられています。すべての法律を国民自身が判断することは、1億人以上もの国民がいる日本では、不可能だからです。しかし、それでは、私たち国民の意思を具体的な政策に対して正確に反映することはできません。
　これに対し、憲法改正については国民投票という方法がとられたのは、国の最高法規である憲法を改正する際には、私たち国民の意思を十分かつ正確に反映させる必要があるからです。

だからこそ、国民投票においては、改憲案に対して一括して賛成または反対を投票する方法ではなく、一つひとつの条項ごとに投票する制度が必要となるのです。どうしても複数の条文をセットで改正しなければ条文同士矛盾することになるなどの場合——たとえば、総理大臣を国民が直接選挙で選ぶという条文の新設と国会議員が総理大臣を指名するという条文の廃止は、セットで決めなければ矛盾する——にも、問題点ごとに分けて投票できるようにする必要があります。

　このことは、たとえ憲法を大幅に改正する場合でも、同じように考えなければなりません。改正する条文が多いからといって、まとめて投票する理由はないからです。

　憲法を全面的に改正する場合には、基本的人権の尊重、国民主権、平和主義などの基本原則を変更することにもつながると思われます。そういう場合には、現在の憲法のあり方を根本的に変更することになるのですから、私たち国民の意思が正確に反映されなければならないわけです。

▶▶プリンを選ばなかった人はプリンが嫌い？

　さて、もう一度、レストランの話に戻りましょう。そのレストランでは、前菜も、メインディッシュも、デザートも２つしか用意していません。仮に前菜はサラダとマリネ、メインディッシュはステーキと魚のソテー、デザートはアイスクリームとプリンだとしましょう。しかも、基本のメニューは、サラダ、ステーキ、アイスクリームと決まっており、家族投票の結果、マリネ、ソテー、プリンが２分の１を超えた場合にのみ、そちらに変更するというシステムだったのです。

　この場合、２分の１を超えたかどうかを判断するときに、間違ったのかわがままなのかチーズケーキがいいと言った人をどう取り扱うかで、たとえば、アイスクリームに１人、プリンに２人、チーズケーキが１人いた場合、チーズケーキを外せばプリンは３分の２なので２分の１を超えますが、チーズケーキを外さないと４分の２なのでプリンは２分の１を超えません。

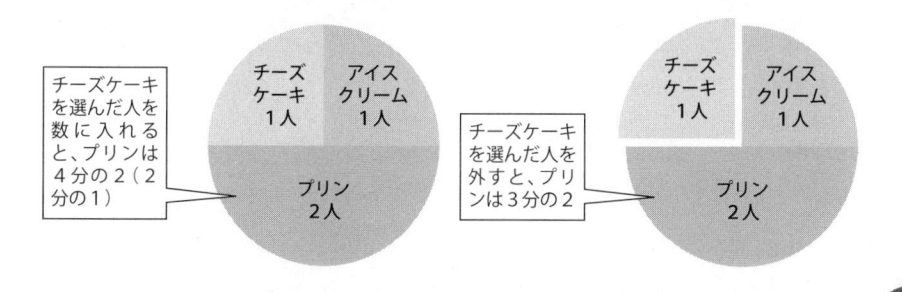

［左円グラフ］チーズケーキを選んだ人を数に入れると、プリンは４分の２（２分の１）
チーズケーキ 1人 ／ アイスクリーム 1人 ／ プリン 2人

［右円グラフ］チーズケーキを選んだ人を外すと、プリンは３分の２
チーズケーキ 1人 ／ アイスクリーム 1人 ／ プリン 2人

チーズケーキを選んだ人は、プリンを選ばなかったのですから、プリンに対してはノーと言ったと考えるべきであり、チーズケーキを含めて2分の1以上かどうかを決めると考えたほうがよいでしょう。

　改憲案について投票する際も同じことで、無効票も含めて計算するべきでしょう。この点、国民投票法案は、有効投票の2分の1を超えればよいとしています（議連案54条1項のまま）。問題ですね。

▶▶迷った人は賛成？反対？

　また、何がいいか迷って家族投票できなかった人を入れて過半数かどうか決めるのか、外して過半数かどうか決めるのかでも、結果が変わってきます。たとえば、アイスクリームに1人、プリンに2人、迷った人が2人いた場合、迷った人を外せばプリンが過半数ですが、迷った人を外さないとプリンは過半数になりません。

　この点については、迷った人がプリンについてどう考えているかがわからないため、全体の数から外すべきだという考え方もありうるでしょう。

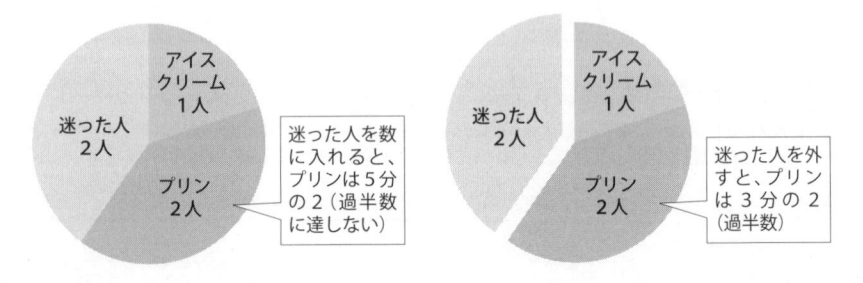

Chapter 4　私が決めたとおりには投票できない?!──一括投票か、個別投票か

また、この家族は、いつもはアイスクリームを食べているのだから、あえてプリンを選ばなかった以上、プリンには反対だとみなすべきで、全体の数に入れるべきだという考え方もあります。
　これは、投票する権利を持っている人全員の2分の1を超えなければならないか、それとも現に投票した人の2分の1を超えればいいか、という問題です。この点は、説明したように、どちらの考え方も間違っていないように思われます。
　ただし、現に投票した人の2分の1を超えればいいとした場合、迷った人が多かった場合に、ちょっと変な感じがします。たとえば、アイスクリームに1人、プリンに2人、棄権7人というようなケースです。

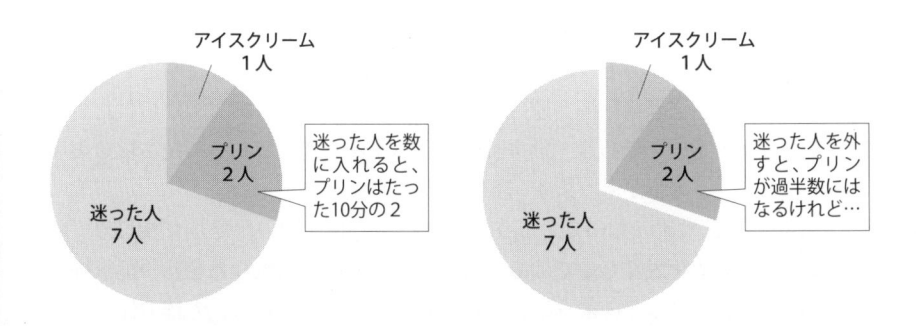

（左図）アイスクリーム1人／プリン2人／迷った人7人——迷った人を数に入れると、プリンはたった10分の2

（右図）アイスクリーム1人／プリン2人／迷った人7人——迷った人を外すと、プリンが過半数にはなるけれど…

　このような場合にもプリンが2分の1を超えたとするのは、納得できません。なぜなら、棄権が多かったのは、投票があることについての十分な案内がなかったり、改憲案について事前に十分な説明がなかった可能性が大きいからです。
　そこで、現に投票した人の2分の1を超えればいいという制度にする場合、最低投票率を決める必要があります。
　この点、与党案は、まったく考慮していません。

▶▶まとめ

　国民投票法案は、国民の意思が正確に反映される投票制度とはとうていいいがたいものとなっています。せっかく意思決定してもそれが反映されない制度は、あまりにも国民主権をないがしろにするものではないでしょうか。
　この点は、今回の法案で最も深刻な問題点のひとつです。

おわりに

　ここ数年、憲法を変えるべきだ、あるいは新しく憲法を作り直すべきだという議論が盛んになされています。
　憲法9条で非武装を定めていることは現実に合わないから変えるべきであるとか、自由自由と言い過ぎるから自分勝手な人が増えるので、国民の義務をもっと定めよう、あるいは、もっといろいろな人権が必要だ、プライバシーの権利を憲法で明文化すべきだ、いやいや、21世紀は環境問題にもっと配慮しなければいけないから、環境について規定すべきだなど、いろいろな議論があります。
　個々の規定に問題がある、あるいは、規定がないものを追加しようという議論のほかに、現行憲法は終戦後、連合国とりわけ米国によって押しつけられたものであるから変えるべきである、日本国民が自ら憲法を作ってこそ国民主権を実現できるのだという主張があります（押しつけ憲法論）。
　ところで、憲法は誰のものでしょうか。憲法は、単に「国のかたち」を示したり、国民に対して道徳を説くものではありません。憲法は、強大な力を持つ国家権力が個人の自由を侵害しないように、国家が守るべき規範を定め、人権の保障のためにのみ一定の権限を授与するものです。ですから、権力者にとっては、憲法はつねに押しつけられるものでした。世界史のなかでは、憲法を制定する過程で流血の惨事を招いたことが何度もあります。
　日本国憲法については、たしかに、当時の権力者の書いた草案が不十分であるとして、草案を連合国が定めたことは事実です。しかし、終戦の枠組みを決めたポツダム宣言には、日本の脱軍事化と民主化について言及があります。当時の日本の権力者たちのなかにはポツダム宣言受諾に反対する人もいましたが、結局は、ポツダム宣言を受諾することを自ら決めました。しかも、連合国の草案は帝国議会で議論され修正もされています。
　ところで、当時民間でも現行憲法と価値観を共有するような憲法草案は出されていましたし、古くは自由民権運動のなかで生み出された憲法草案もあります。戦争に疲弊した国民のなかには新憲法を歓迎した人たちもまた多くいます。権力者にとっては不都合だったかもしれませんが、国民にとっては押しつけられたものだといっていいのか疑問があります。
　また、憲法が国民のものであるとすれば、現実に合わない憲法を放置しておくと、権力を制限するという憲法の本質がゆがめられてしまうから、国民の意思に

よって改正することこそ、その本質に適うし、憲法を守ることになるという主張があります（いわゆる護憲的改憲論）。

　果たしてそうでしょうか。この論法は、国民が定めたという手続きのみに着目し、その内容が果たして本当に権力の制限になるのかという実質を見ない考え方です。そもそも、現実が憲法に合わないのであるとすれば、そのとき、現実を生み出した今日の政治を問題にしなくてよいのでしょうか。現実に合わせて憲法を変えていってしまっては、憲法が権力に対する制限であるという意味がなくなってしまいます。

　また、憲法が国民のものであるからといって、単に現在の国民が定めることができればよいというのではありません。なぜなら、国民は1人ではないからです。今日本には1億2000万人余の人が住んでいますが、将来生まれてくる人もたくさんいます。

　さらに、すべての人が同じ考えを持っているわけではありませんから、全体としての国民の意思に一人ひとりの国民の自由は、多かれ少なかれ制約を受けます。そうであるとすれば、個人個人の国民、将来の国民の自由をも保障するような方法を考えなければなりません。そのためには、権力の制限として意味があるかどうかを見ていかなければなりません。

　国会が作る法律に関しては、裁判所が個人の自由を侵害していないかどうかを判断することができます。しかし、実際に裁判所に自由が国会の法律によって侵害されているという判断を迫るためには、非常に大きな国民的運動が必要です。いわんや、改憲された内容については裁判所は判断することはできないでしょう。本当に国民のものになっているかどうか、裁判所などに頼ることなく、国民一人ひとりが一生懸命になって見ていかなければなりません。

　さらには、憲法が権力に対する制約であり、自由の砦であるといっても、紙に書いてあるだけでは砦は乗り越えられ、反故にされてしまいます。憲法が権力を制限するものであるという本質を守るためには、まずは、与党が検討しているような憲法改正国民投票法案を絶対に成立させないことが大切です。本書をお読みいただいた方が、一人ひとりこの問題について多くの方と議論してくださることを希望しています。

日本国憲法改正国民投票法案(「議連案」)

第一章　総則

(趣旨)

第一条　日本国憲法の改正についての国民の承認の投票(以下「国民投票」という。)については、この法律の定めるところによる。

(国民投票に関する事務の管理)

第二条　国民投票に関する事務は、中央選挙管理会が管理する。

(技術的な助言及び勧告並びに資料の提出の要求)

第三条　中央選挙管理会は、国民投票に関する事務について、都道府県又は市町村に対し、都道府県又は市町村の事務の運営その他の事項について適切と認める技術的な助言若しくは勧告をし、又は当該助言若しくは勧告をするため若しくは都道府県又は市町村の事務の適正な処理に関する情報を提供するため必要な資料の提出を求めることができる。

2　中央選挙管理会は、国民投票に関する事務について、都道府県の選挙管理委員会に対し、地方自治法(昭和二十二年法律第六十七号)第二百四十五条の四第一項の規定による市町村に対する助言若しくは勧告又は資料の提出の求めに関し、必要な指示をすることができる。

3　都道府県又は市町村の選挙管理委員会は、中央選挙管理会に対し、国民投票に関する事務の管理及び執行について技術的な助言若しくは勧告又は必要な情報の提供を求めることができる。

(是正の指示)

第四条　中央選挙管理会は、この法律又はこの法律に基づく政令に係る都道府県の地方自治法第二条第九項第一号に規定する第一号法定受託事務(以下この条及び次条において「第一号法定受託事務」という。)の処理が法令の規定に違反していると認めるとき、又は著しく適正を欠き、かつ、明らかに公益を害していると認めるときは、当該都道府県に対し、当該第一号法定受託事務の処理について違反の是正又は改善のため講ずべき措置に関し、必要な指示をすることができる。

2　中央選挙管理会は、この法律又はこの法律に基づく政令に係る市町村の第一号法定受託事務の処理について都道府県の選挙管理委員会に対し、地方自治法第二百四十五条の七第二項の規定による市町村に対する指示に関し、必要な指示をすることができる。

3　中央選挙管理会は、前項の規定によるほか、この法律又はこの法律に基づく政令に係る市町村の第一号法定受託事務の処理が法令の規定に違反していると認める場合、又は著しく適正を欠き、かつ、明らかに公益を害していると認める場合において、緊急を要するときその他特に必要があると認めるときは、自ら当該市町村に対し、当該第一号法定受託事務の処理について違反の是正又は改善のため講ずべき措置に関し、必要な指示をすること

ができる。
（処理基準）
第五条　中央選挙管理会は、この法律又はこの法律に基づく政令に係る都道府県の第一号法定受託事務の処理について、都道府県が当該第一号法定受託事務を処理するに当たりよるべき基準を定めることができる。
2　都道府県の選挙管理委員会が、地方自治法第二百四十五条の九第二項の規定により、市町村の選挙管理委員会がこの法律の規定に基づき担任する第一号法定受託事務の処理について、市町村が当該第一号法定受託事務を処理するに当たりよるべき基準を定める場合において、当該都道府県の選挙管理委員会の定める基準は、次項の規定により中央選挙管理会の定める基準に抵触するものであってはならない。
3　中央選挙管理会は、特に必要があると認めるときは、この法律又はこの法律に基づく政令に係る市町村の第一号法定受託事務の処理について、市町村が当該第一号法定受託事務を処理するに当たりよるべき基準を定めることができる。
4　中央選挙管理会は、この法律又はこの法律に基づく政令に係る市町村の第一号法定受託事務の処理について、都道府県の選挙管理委員会に対し、地方自治法第二百四十五条の九第二項の規定により定める基準に関し、必要な指示をすることができる。
5　第一項又は第三項の規定により定める基準は、その目的を達成するために必要な最小限度のものでなければならない。
（国民投票に関する啓発、周知等）
第六条　総務大臣、中央選挙管理会、都道府県の選挙管理委員会及び市町村の選挙管理委員会は、国民投票に際しては、あらゆる機会を通じて、国民投票の方法その他国民投票に関し必要と認める事項を投票人に周知させなければならない。
2　中央選挙管理会は、国民投票の結果を投票人に対して速やかに知らせるように努めなければならない。
3　投票人に対しては、特別の事情がない限り、国民投票の当日、その投票権を行使するために必要な時間を与えるよう措置されなければならない。

第二章　国民投票の投票権

第七条　日本国民で年齢満二十年以上の者は、国民投票の投票権を有する。ただし、次に掲げる者は、国民投票の投票権を有しない。
　一　成年被後見人
　二　禁錮以上の刑に処せられその執行を終わるまでの者
　三　禁錮以上の刑に処せられその執行受けることがなくなるまでの者（刑の執行猶予中の者を除く。）
　四　公職（公職選挙法（昭和二十五年法律第百号）第三条に規定する公職をいう。）にある間に犯した刑法（明治四十年法律第四十五号）第百九十七条から第百九十七条の四までの罪又は公職にある者等のあっせん行為による利得等の処罰に関する法律（平成十二年法律第百三十号）第一条の罪により刑に処せられ、その執行を終わり若しくはその執行の免除を受けた者でその執行を終わり若しくはその執行の免除を受けた日から五年を経

過しないもの又はその刑の執行猶予中の者
　五　この法律に規定する罪により禁錮以上の刑に処せられその刑の執行猶予中の者

第三章　国民投票に関する区域

（国民投票を行う区域）
第八条　国民投票は、全都道府県の区域を通じて行う。
（投票区及び開票区）
第九条　国民投票の投票区及び開票区については、公職選挙法第十七条及び第十八条の規定を準用する。この場合において、同条第一項ただし書中「衆議院（小選挙区選出）議員の選挙若しくは都道府県の議会の議員の選挙において市町村が二以上の選挙区に分かれているとき又は第十五条第六項の規定による選挙区があるとき」とあるのは、「国民投票が衆議院議員の総選挙の期日に行われる場合であって、衆議院（小選挙区選出）議員の選挙において市町村が二以上の選挙区に分かれているとき」と読み替えるものとする。

第四章　投票人名簿

（省略）

第五章　在外投票人名簿

（省略）

第六章　国民投票の期日等

（国民投票の期日）
第三十一条　国民投票は、国会が日本国憲法の改正（以下「憲法改正」という。）を発議した日（国会において最後の可決があった日をいう。）から起算して六十日以後九十日以内において内閣が定める期日に行う。ただし、衆議院議員の総選挙又は参議院議員の通常選挙の期日その他の特定の期日に行う旨の国会の議決がある場合には、当該期日に行う。
（国民投票の期日及び憲法改正案の告示）
第三十二条　内閣は、少なくとも国民投票の期日の二十日（衆議院議員の総選挙の期日に行う場合にあっては十二日、参議院議員の通常選挙の期日に行う場合にあっては十七日）前に国民投票の期日及び国会法（昭和二十二年法律第七十九号）第六十八条の五第二項の規定に基づき内閣に送付された憲法改正案を官報で告示しなければならない。

第七章　投票及び開票

（一人一票）
第三十三条　国民投票は、一人一票に限る。
（投票管理者）
第三十四条　国民投票の投票区ごとに、投票管理者一人を置く。
２　投票管理者は、国民投票の投票権を有する者の中から市町村の選挙管理委員会が選任する。

3　衆議院議員の総選挙又は参議院議員の通常選挙の期日のいずれかの期日に国民投票を行う場合においては、当該選挙の投票管理者を同時に国民投票の投票管理者とすることができる。

4　投票管理者は、国民投票の投票に関する事務を担任する。

5　投票管理者は、国民投票の投票権を有しなくなったときは、その職を失う。

（投票立会人）

第三十五条　国民投票の投票区ごとに、投票立会人を置く。

2　市町村の選挙管理委員会は、各投票区における投票人名簿に登録された者の中から、本人の承諾を得て、二人以上五人以下の投票立会人を選任し、国民投票の期日前三日までに、本人に通知しなければならない。

3　投票立会人で参会する者が投票所を開くべき時刻になっても二人に達しない時又はその後二人に達しなくなったときは、投票管理者は、その投票区における投票人名簿に登録された者の中から二人に達するまでの投票立会人を選任し、直ちに本人に通知し、投票に立ち会わせなければならない。

4　同一の政党その他の政治団体に属する者は、一の投票区において、二人以上を投票立会人に選任することができない。

5　投票立会人は、正当な理由がなければ、その職を辞することができない。

6　前条第三項の規定は、投票立会人について準用する。この場合において、同項中「当該選挙の投票管理者」とあるのは、「当該選挙の投票立会人」と読み替えるものとする。

（投票用紙の様式）

第三十六条　投票用紙には、憲法改正に対する賛成又は反対の意思を表示する記号を記載する欄を設けなければならない。

2　投票用紙には、憲法改正案を掲載しなければならない。

3　投票用紙は、別記様式に準じて都道府県の選挙管理委員会が調製しなければならない。

（投票の方式）

第三十七条　投票人は、投票所において、憲法改正に対し賛成するときは投票用紙の記載欄に○の記号を、憲法改正に対し反対するときは投票用紙の記載欄に×の記号を、自ら記載して、これを投票箱に入れなければならない。

2　投票用紙には、投票人の氏名を記載してはならない。

3　第一項の○又は×の記号の記載方法その他投票の方式に関し必要な事項は、政令で定める。

（点字投票）

第三十八条　投票人は、点字による投票を行う場合においては、投票所において、投票用紙に、憲法改正に対し賛成するときは賛成と、憲法改正に対し反対するときは反対と、自ら記載して、これを投票箱に入れなければならない。

2　前項の場合における投票用紙の様式その他必要な事項は、政令で定める。

（投票の秘密保持）

第三十九条　何人も、投票人のした投票の内容を陳述する義務を負わない。

（投票録）

第四十条　投票管理者は、国民投票の投票録を作り、投票に関する次第を記載し、投票立会人とともに、これに署名しなければならない。
（開票管理者及び開票立会人）
第四十一条　国民投票の開票区ごとに、開票管理者一人及び開票立会人を置く。
2　第三十四条第二項から第五項までの規定は開票管理者について、第三十五条第二項から第六項までの規定は開票立会人について準用する。この場合において、第三十四条第三項中「当該選挙の投票管理者」とあるのは「当該選挙の開票管理者」と、同条第四項中「国民投票の投票」とあるのは「国民投票の開票」と、第三十五条第二項中「各投票区」とあるのは「各開票区」と、同条第三項中「投票所」とあるのは「開票所」と、「投票管理者」とあるのは「開票管理者」と、「その投票区」とあるのは「その開票区」と、「投票」とあるのは「開票」と、同条第四項中「投票区」とあるのは「開票区」と、同条第六項中「当該選挙の投票立会人」とあるのは「当該選挙の開票立会人」と読み替えるものとする。
（投票の点検及びその結果の報告）
第四十二条　開票管理者は、投票の点検を終えたときは、直ちにその結果を国民投票分会長に報告しなければならない。
（投票の効力）
第四十三条　国民投票の投票で次の各号のいずれかに該当するものは、無効とする。
　一　所定の用紙を用いないもの
　二　所定の○又は×の記号の記載方法によらないもの
　三　○又は×の記号のいずれも記載していないもの
　四　○又は×の記号のほか、他事を記載したもの
　五　○又は×の記号を自ら記載しないもの
　六　○及び×の記号をともに記載したもの
　七　○又は×の記号のいずれを記載したかを確認し難いもの
（開票録）
第四十四条　開票管理者は、国民投票の開票録を作り、開票に関する次第を記載し、開票立会人とともに、これに署名しなければならない。
（投票等の保存）
第四十五条　投票は、有効無効を区別し、投票録及び開票録と併せて、市町村の選挙管理委員会において、第五十五条の規定による訴訟を提起することができる期間又は同条の規定による訴訟が裁判所に係属している間、保存しなければならない。
（投票及び開票に関するその他の事項）
第四十六条　この章に規定するもののほか、国民投票の投票及び開票に関しては、公職選挙法中衆議院比例代表選出議員の選挙の投票及び開票に関する規定の例による。

第八章　国民投票分会及び国民投票会

（国民投票分会）
第四十七条　都道府県ごとに、国民投票分会長を置く。
2　国民投票分会長は、国民投票の投票権を有する者の中から都道府県の選挙管理委員会が

選任する。
3　国民投票分会長は、国民投票分会に関する事務を担任する。
4　国民投票分会長は、国民投票の投票権を有しなくなったときは、その職を失う。
5　国民投票分会長は、当該都道府県の区域内における選挙人名簿に登録された者の中から、本人の承諾を得て、国民投票分会立会人三人を選任し、国民投票分会の期日前三日までに、本人に通知しなければならない。
6　国民投票分会は、都道府県庁又は都道府県の選挙管理委員会の指定した場所で開く。
7　国民投票分会長は、都道府県の区域内におけるすべての開票管理者から第四十二条の報告を受けた日又はその翌日に国民投票分会を開き、国民投票分会立会人立会いの上、その報告を調査しなければならない。
8　都道府県の選挙管理委員会は、あらかじめ国民投票分会の場所及び日時を告示しなければならない。
9　第三十五条第三項から第五項までの規定は、国民投票分会立会人について準用する。この場合において、同条第三項中「投票所」とあるのは「国民投票分会」と、「二人」とあるのは「三人」と、「投票管理者」とあるのは「国民投票分会長」と、「その投票区」とあるのは「その都道府県の区域」と、「投票」とあるのは「国民投票分会」と、同条第四項中「一の投票区において、二人以上」とあるのは「二人以上」と読み替えるものとする。

（国民投票分会録）
第四十八条　国民投票分会長は、国民投票分会録を作り、国民投票分会に関する次第を記載し、国民投票分会立会人とともに、これに署名しなければならない。
2　国民投票分会録は、第四十二条の報告に関する書類と併せて、都道府県の選挙管理委員会において、第五十五条の規定による訴訟を提起することができる期間又は同条の規定による訴訟が裁判所に係属している間、保存しなければならない。

（国民投票分会の結果の報告）
第四十九条　国民投票分会長は、第四十七条第七項の規定による調査を終えたときは、国民投票分会録の写しを添えて、直ちにその結果を国民投票長に報告しなければならない。

（国民投票会）
第五十条　国民投票ごとに、国民投票長を置く。
2　国民投票長は、国民投票の投票権を有する者の中から中央選挙管理会が選任する。
3　国民投票長は、国民投票会に関する事務を担任する。
4　国民投票長は、国民投票の投票権を有しなくなったときは、その職を失う。
5　国民投票長は、投票人名簿に登録された者の中から、本人の承諾を得て、国民投票立会人三人を選任し、国民投票会の期日前三日までに、本人に通知しなければならない。
6　国民投票会は、中央選挙管理会の指定した場所で開く。
7　国民投票長は、すべての国民投票分会長から前条の報告を受けた日又はその翌日に国民投票会を開き、国民投票立会人立会いの上、その報告を調査しなければならない。
8　中央選挙管理会は、あらかじめ国民投票会の場所及び日時を告示しなければならない。
9　第三十五条第三項から第五項までの規定は、国民投票立会人について準用する。この場合において、同条第三項中「投票所」とあるのは「国民投票会」と、「二人」とあるのは「三人」

と、「投票管理者」とあるのは「国民投票長」と、「その投票区における投票人名簿」とあるのは「投票人名簿」と、「投票」とあるのは「国民投票会」と、同条第四項中「一の投票区において、二人以上」とあるのは「二人以上」と読み替えるものとする。

（国民投票録）

第五十一条　国民投票長は、国民投票録を作り、国民投票会に関する次第を記載し、国民投票立会人とともに、これに署名しなければならない。

2　国民投票録は、第四十九条の報告に関する書類と併せて、中央選挙管理会において、第五十五条の規定による訴訟を提起することができる期間又は同条の規定による訴訟が裁判所に係属している間、保存しなければならない。

（国民投票の結果の報告及び告示等）

第五十二条　国民投票長は、第五十条第七項の規定による調査を終えたときは、国民投票録を添えて、直ちにその結果を中央選挙管理会に報告しなければならない。

2　中央選挙管理会は、前項又は第六十一条第四項後段の報告を受けたときは、直ちに有効投票の総数、憲法改正に対する賛成の投票の数及び反対の投票の数並びに憲法改正に対する賛成の投票の数が有効投票の総数の二分の一を超える旨又は超えない旨を官報で告示するとともに、総務大臣を通じ内閣総理大臣に通知しなければならない。

3　内閣総理大臣は、前項の通知を受けたときは、直ちに同項に規定する事項を衆議院議長及び参議院議長に通知しなければならない。

（国民投票分会及び国民投票会に関するその他の事項）

第五十三条　この章に規定するもののほか、国民投票分会及び国民投票会については、公職選挙法第八十二条、第八十四条及び第八十五条の規定を準用する。この場合において、同法第八十二条中「選挙人」とあるのは「投票人」と、同法第八十五条中「選挙会場及び選挙分会場」とあるのは「国民投票分会場及び国民投票会場」と読み替えるものとする。

第九章　国民投票の効果

第五十四条　国民投票の結果、憲法改正に対する賛成の投票の数が有効投票の総数の二分の一を超える場合は、当該憲法改正について国民の承認があったものとする。

2　内閣総理大臣は、第五十二条第二項の規定により、憲法改正に対する賛成の投票の数が有効投票の総数の二分の一を超える旨の通知を受けたときは、直ちに当該憲法改正の公布の手続を執らなければならない。

第十章　訴訟

（国民投票無効の訴訟）

第五十五条　国民投票の効力に関し異議があるときは、投票人は、中央選挙管理会を被告として、第五十二条第二項の規定による告示の日から起算して三十日以内に、東京高等裁判所に訴訟を提起することができる。

（国民投票無効の判決）

第五十六条　前条の規定による訴訟の提起があった場合において、国民投票についてこの法律又はこの法律に基づく命令の規定に違反することがあるときは、国民投票の結果に異動

を及ぼすおそれがある場合に限り、裁判所は、その国民投票の全部又は一部の無効の判決をしなければならない。
（訴訟の処理）
第五十七条　第五十五条の規定による訴訟については、裁判所は、他の一切の訴訟に優先して、速やかにその裁判をしなければならない。
（訴訟に関する通知）
第五十八条　第五十五条の規定による訴訟が提起されたとき若しくは裁判所に係属しなくなったとき又はその訴訟について裁判が確定したときは、裁判所の長は、内閣総理大臣及び総務大臣を通じ中央選挙管理会に対し直ちにその旨を通知しなければならない。
（訴訟手続に関するその他の事項）
第五十九条　第五十五条から前条までの規定に定めるもののほか、第五十五条の規定による訴訟については、公職選挙法第二百十四条及び第二百十九条第一項の規定を準用する。
（国民投票無効の告示）
第六十条　第五十五条の規定による訴訟の結果、国民投票の全部又は一部の無効の判決が確定したときは、中央選挙管理会は、直ちにその旨を官報で告示しなければならない。

第十一章　再投票及び更正決定

第六十一条　第五十五条の規定による訴訟の結果、国民投票の全部又は一部が無効となった場合においては、第四項の規定に該当する場合を除いて、更に国民投票を行わなければならない。
2　前項の規定による国民投票の期日は、中央選挙管理会が定め、少なくとも当該期日の二十日前に官報で告示しなければならない。
3　第五十五条の規定による訴訟を提起することができる期間又は同条の規定による訴訟が裁判所に係属している間は、第一項の規定による国民投票を行うことができない。
4　第五十五条の規定による訴訟の結果、国民投票の全部又は一部が無効となった場合において、更に国民投票を行わないで国民投票の結果を定めることができるときは、国民投票会を開き、これを定めなければならない。この場合においては、国民投票長は、国民投票録を添えて、直ちにその結果を中央選挙管理会に報告しなければならない。

第十二章　国民投票に関する周知

第六十二条　都道府県の選挙管理委員会は、政令で定めるところにより、憲法改正案、投票用紙の見本その他国民投票に関し参考となるべき事項を掲載した国民投票公報を発行しなければならない。
2　前項の国民投票公報の配布については、公職選挙法第百七十条の規定を準用する。この場合において、同条第一項中「選挙」とあるのは「国民投票」と、「選挙人名簿」とあるのは「投票人名簿」と、同条第二項中「選挙人」とあるのは「投票人」と読み替えるものとする。
3　前二項に規定するもののほか、国民投票公報の発行の手続に関し必要な事項は、中央選挙管理会が定める。

第十三章　国民投票運動に関する規制

（特定公務員等の国民投票運動の禁止）
第六十三条　次に掲げる者は、在職中、国民投票に関し憲法改正に対し賛成又は反対の投票をさせる目的をもってする運動（以下「国民投票運動」という。）をすることができない。
　一　中央選挙管理会の委員及び中央選挙管理会の庶務に従事する総務省の職員並びに選挙管理委員会の委員及び職員
　二　裁判官
　三　検察官
　四　会計検査官
　五　公安委員会の委員
　六　警察官
　七　収税官吏及び徴税の吏員
2　投票管理者、開票管理者、国民投票分会長及び国民投票長は、在職中、その関係区域内において、国民投票運動をすることができない。
3　第四十六条の規定によりその例によるものとされる公職選挙法第四十九条の規定による投票に関し、不在者投票管理者は、その者の業務上の地位を利用して国民投票運動をすることができない。

（公務員等の地位利用による国民投票運動の禁止）
第六十四条　次に掲げる者は、その地位を利用して国民投票運動をすることができない。
　一　国若しくは地方公共団体の公務員又は特定独立行政法人（独立行政法人通則法（平成十一年法律第百三号）第二条第二項に規定する特定独立行政法人をいう。以下同じ。）の役員若しくは職員
　二　公団等の役職員等（公職選挙法第百三十六条の二第一項第二号に規定する公団等の役職員等をいう。）

（教育者の地位利用による国民投票運動の禁止）
第六十五条　教育者（学校教育法（昭和二十二年法律第二十六号）に規定する学校の長及び教員をいう。）は、学校の児童、生徒及び学生に対する教育上の地位を利用して国民投票運動をすることができない。

（外国人の国民投票運動の禁止等）
第六十六条　外国人は、国民投票運動をすることができない。
2　外国人、外国法人又はその主たる構成員が外国人若しくは外国法人である団体その他の組織（以下この条において「外国人等」という。）は、国民投票運動に関し、寄附（金銭、物品その他の財産上の利益の供与又は交付及びその供与又は交付の約束で、党費又は会費その他債務の履行としてされるもの以外のものをいう。以下同じ。）をしてはならない。
3　何人も、国民投票運動に関し、外国人等に対し、寄附を要求し、又はその周旋若しくは勧誘をしてはならない。
4　何人も、国民投票運動に関し、外国人等から寄附を受けてはならない。

（国民投票に関する罪を犯した者等の国民投票運動の禁止）

第六十七条　この法律に規定する罪により刑に処せられ国民投票の投票権を有しない者及び公職選挙法第二百五十二条の規定により選挙権及び被選挙権を有しない者は、国民投票運動をすることができない。

（予想投票の公表の禁止）

第六十八条　何人も、国民投票に関し、その結果を予想する投票の経過又は結果を公表してはならない。

（新聞紙又は雑誌の虚偽報道等の禁止）

第六十九条　新聞紙（これに類する通信類を含む。以下同じ。）又は雑誌は、国民投票に関する報道及び評論において、虚偽の事項を記載し、又は事実をゆがめて記載する等表現の自由を濫用して国民投票の公正を害してはならない。

（新聞紙又は雑誌の不法利用等の制限）

第七十条　何人も、国民投票の結果に影響を及ぼす目的をもって新聞紙又は雑誌の編集その他経営を担当する者に対し、財産上の利益を供与し、又はその供与の申込み若しくは約束をして、当該新聞紙又は雑誌に国民投票に関する報道及び評論を掲載させることができない。

2　新聞紙又は雑誌の編集その他経営を担当する者は、前項の供与を受け、若しくは要求し、又は同項の申込みを承諾して、当該新聞紙又は雑誌に国民投票に関する報道及び評論を掲載することができない。

3　何人も、国民投票の結果に影響を及ぼす目的をもって新聞紙又は雑誌に対する編集その他経営上の特殊の地位を利用して、当該新聞紙又は雑誌に国民投票に関する報道及び評論を掲載し、又は掲載させることができない。

（放送事業者の虚偽報道等の禁止）

第七十一条　日本放送協会又は一般放送事業者は、国民投票に関する報道及び評論において虚偽の事項を放送し、又は事実をゆがめて放送する等表現の自由を濫用して国民投票の公正を害してはならない。

第十四章　罰則

（買収罪）

第七十二条　次に掲げる行為をした者は、三年以下の懲役若しくは禁錮又は五十万円以下の罰金に処する。

一　国民投票の結果に影響を及ぼす目的をもって、投票人に対し、財産上の利益を供与し、又はその供与の申込み若しくは約束をしたとき。

二　前号の行為をさせる目的をもって、国民投票運動をする者に対し、財産上の利益を供与し、若しくは交付し、又はその供与若しくは交付の申込み若しくは約束をしたとき。

三　前二号の供与若しくは交付を受け、若しくは要求し、又はその供与若しくは交付の申込みを承諾したとき。

四　前三号に掲げる行為に関し周旋又は勧誘をしたとき。

2　中央選挙管理会の委員若しくは中央選挙管理会の庶務に従事する総務省の職員、選挙管理委員会の委員若しくは職員、投票管理者、開票管理者、国民投票分会長若しくは国民投

票長又は国民投票事務に関係のある国若しくは地方公共団体の公務員が当該国民投票に関し前項の罪を犯したときは、四年以下の懲役若しくは禁錮又は百万円以下の罰金に処する。公安委員会の委員又は警察官がその関係区域内の国民投票に関し同項の罪を犯したときも、また同様とする。
（新聞紙又は雑誌の不法利用罪）
第七十三条　第七十条第一項又は第二項の規定に違反した者は、五年以下の懲役又は禁錮に処する。
（買収罪等の場合の没収及び追徴）
第七十四条　前二条の場合において収受し、又は交付を受けた財産上の利益は、没収する。その全部又は一部を没収することができないときは、その価額を追徴する。
（国民投票の自由妨害罪）
第七十五条　国民投票に関し、次に掲げる行為をした者は、四年以下の懲役若しくは禁錮又は百万円以下の罰金に処する。
　一　投票人又は国民投票運動をする者に対し暴行若しくは威力を加え又はこれをかどわかしたとき。
　二　交通若しくは集会の便を妨げ、演説を妨害し、又は文書図画を毀棄し、その他偽計詐術等不正の方法をもって国民投票の自由を妨害したとき。
　三　投票人若しくは国民投票運動をする者又はその関係のある社寺、学校、会社、組合、市町村等に対する用水、小作、債権、寄附その他特殊の利害関係を利用して投票人又は国民投票運動をする者を威迫したとき。
（職権濫用等による国民投票の自由妨害罪）
第七十六条　国民投票に関し、国若しくは地方公共団体の公務員、特定独立行政法人の役員若しくは職員、中央選挙管理会の委員若しくは中央選挙管理会の庶務に従事する総務省の職員、選挙管理委員会の委員若しくは職員、投票管理者、開票管理者又は国民投票分会長若しくは国民投票長が故意にその職務の執行を怠り、又はその職権を濫用して国民投票の自由を妨害したときは、四年以下の禁錮に処する。
２　国若しくは地方公共団体の公務員、特定独立行政法人の役員若しくは職員、中央選挙管理会の委員若しくは中央選挙管理会の庶務に従事する総務省の職員、選挙管理委員会の委員若しくは職員、投票管理者、開票管理者又は国民投票分会長若しくは国民投票長が、投票人に対し、その投票しようとし、又は投票した内容の表示を求めたときは、六月以下の禁錮又は三十万円以下の罰金に処する。
（投票の秘密侵害罪）
第七十七条　中央選挙管理会の委員若しくは中央選挙管理会の庶務に従事する総務省の職員、選挙管理委員会の委員若しくは職員、投票管理者、開票管理者、国民投票分会長若しくは国民投票長、国民投票事務に関係のある国若しくは地方公共団体の公務員、立会人（第四十六条の規定によりその例によるものとされる公職選挙法第四十八条第二項の規定により投票を補助すべき者を含む。以下同じ。）又は監視者（投票所、開票所、国民投票分会場又は国民投票会場を監視する職権を有する者をいう。以下同じ。）が投票人の投票した内容を表示したときは、二年以下の禁錮又は三十万円以下の罰金に処する。その表示した事

実が虚偽であるときも、また同様とする。
（投票干渉罪）
第七十八条　投票所又は開票所において、正当な理由がなくて、投票人の投票に干渉し、又は投票の内容を認知する方法を行った者は、一年以下の禁錮又は三十万円以下の罰金に処する。
2　法令の規定によらないで、投票箱を開き、又は投票箱の投票を取り出した者は、三年以下の懲役若しくは禁錮又は五十万円以下の罰金に処する。
（国民投票事務関係者に対する暴行罪等）
第七十九条　国民投票に関し、次に掲げる行為をした者は、四年以下の懲役又は禁錮に処する。
　一　投票管理者、開票管理者、国民投票分会長、国民投票長、立会人又は監視者に対して暴行又は脅迫を加えたとき。
　二　投票所、開票所、国民投票分会場又は国民投票会場を暴行又は威力を用いて混乱させたとき。
　三　投票、投票箱その他関係書類を抑留し、損ない、又は奪取したとき。
（多衆の国民投票妨害罪）
第八十条　多衆集合して第七十五条又は前条の罪を犯した者は、次の区別に従って処断する。
　一　首謀者は、一年以上七年以下の懲役又は禁錮に処する。
　二　他人を指揮し、又は他人に率先して勢いを助けた者は、六月以上五年以下の懲役又は禁錮に処する。
　三　付和随行した者は、二十万円以下の罰金又は科料に処する。
2　前項の罪を犯すため多衆集合し、権限のある公務員から解散の命令を三回以上受けたにもかかわらず、なお解散しなかったときは、首謀者は二年以下の禁錮に処し、その他の者は二十万円以下の罰金又は科料に処する。
（凶器携帯罪）
第八十一条　国民投票に関し、銃砲、刀剣、こん棒その他人を殺傷するに足りる物件を携帯した者は、二年以下の禁錮又は三十万円以下の罰金に処する。
2　権限のある警察官は、必要と認める場合においては、前項の物件を領置することができる。
（投票所等における凶器携帯罪）
第八十二条　前条第一項の物を携帯して投票所、開票所、国民投票分会場又は国民投票会場に入った者は、三年以下の禁錮又は五十万円以下の罰金に処する。
（携帯凶器の没収）
第八十三条　前二条の罪を犯した場合においては、その携帯した物件を没収する。
（煽動罪）
第八十四条　演説、放送、新聞紙、雑誌、ビラ、ポスターその他いかなる方法をもってするを問わず、第七十二条、第七十五条又は第七十八条から第八十二条までの罪を犯させる目的をもって人を煽動した者は、一年以下の禁錮又は三十万円以下の罰金に処する。
（新聞紙又は雑誌が国民投票の公正を害する罪）

第八十五条　次の各号のいずれかに該当する者は、二年以下の禁錮又は三十万円以下の罰金に処する。
　一　第六十九条の規定に違反して新聞紙又は雑誌が国民投票の公正を害したときは、その新聞紙若しくは雑誌の編集を実際に担当した者又はその新聞紙若しくは雑誌の経営を担当した者
　二　第七十条第三項の規定に違反して国民投票に関する報道又は評論を掲載し、又は掲載させた者

（放送事業者が国民投票の公正を害する罪）
第八十六条　第七十一条の規定に違反して日本放送協会又は一般放送事業者が国民投票の公正を害したときは、その放送をし、又は編集をした者は、二年以下の禁錮又は三十万円以下の罰金に処する。

（詐偽登録、虚偽宣言罪等）
第八十七条　詐偽の方法をもって投票人名簿又は在外投票人名簿に登録をさせた者は、六月以下の禁錮又は三十万円以下の罰金に処する。
2　投票人名簿に登録をさせる目的をもって住民基本台帳法（昭和四十二年法律第八十一号）第二十二条の規定による届出に関し虚偽の届出をすることによって投票人名簿に登録をさせた者も、前項と同様とする。
3　第四十六条の規定によりその例によるものとされる公職選挙法第五十条第一項の場合において虚偽の宣言をした者は、二十万円以下の罰金に処する。

（詐偽投票罪等）
第八十八条　投票人でない者が投票をしたときは、一年以下の禁錮又は三十万円以下の罰金に処する。
2　氏名を詐称し、その他詐偽の方法をもって投票し、又は投票しようとした者は、二年以下の禁錮又は三十万円以下の罰金に処する。
3　投票を偽造し、又はその数を増減した者は、三年以下の懲役若しくは禁錮又は五十万円以下の罰金に処する。
4　中央選挙管理会の委員若しくは中央選挙管理会の庶務に従事する総務省の職員、選挙管理委員会の委員若しくは職員、投票管理者、開票管理者、国民投票分会長若しくは国民投票長、国民投票事務に関係のある国若しくは地方公共団体の公務員、立会人又は監視者が前項の罪を犯したときは、五年以下の懲役若しくは禁錮又は五十万円以下の罰金に処する。

（代理投票における記載義務違反）
第八十九条　第四十六条の規定によりその例によるものとされる公職選挙法第四十八条第二項の規定により○又は×の記号を記載すべきものと定められた者が投票人の指示する○又は×の記号を記載しなかったときは、二年以下の禁錮又は三十万円以下の罰金に処する。

（立会人の義務を怠る罪）
第九十条　立会人が、正当な理由がなくてこの法律に規定する義務を怠るときは、二十万円以下の罰金に処する。

（国民投票運動の規制違反）

第九十一条　第六十三条の規定に違反して国民投票運動をした者は、六月以下の禁錮又は三十万円以下の罰金に処する。

2　第六十四条の規定に違反して国民投票運動をした者は、二年以下の禁錮又は三十万円以下の罰金に処する。

3　第六十五条、第六十六条第一項又は第六十七条の規定に反して国民投票運動をした者は、一年以下の禁錮又は三十万円以下の罰金に処する。

4　第六十六条第二項の規定に違反して寄附をし、同条第三項の規定に違反して寄附を要求し、若しくはその周旋若しくは勧誘をし、又は同条第四項の規定に違反して寄附を受けた者（会社その他の法人又は団体にあっては、その役職員又は構成員として当該違反行為をした者）は、三年以下の禁錮又は五十万円以下の罰金に処する。

5　前項の場合において収受し、又は交付を受けた財産上の利益は、没収する。その全部又は一部を没収することができないときは、その価額を追徴する。

（予想投票の公表の禁止違反）

第九十二条　第六十八条の規定に違反して予想投票の経過又は結果を公表した者は、二年以下の禁錮又は三十万円以下の罰金に処する。ただし、新聞紙又は雑誌にあってはその編集を実際に担当した者又はその新聞紙若しくは雑誌の経営を担当した者を、放送にあってはその編集をした者又は放送をさせた者を罰する。

（不在者投票の場合の罰則の適用）

第九十三条　第四十六条の規定によりその例によるものとされる公職選挙法第四十九条第一項の規定による投票については、その投票を管理すべき者は投票管理者と、その投票を記載すべき場所は投票所と、その投票に立ち会うべき者は投票立会人と、投票人が指示する○又は×の記号を記載すべきものと定められた者は第四十六条の規定によりその例によるものとされる同法第四十八条第二項の規定により○又は×の記号を記載すべきものと定められた者とみなして、この章の規定を適用する。

2　第四十六条の規定によりその例によるものとされる公職選挙法第四十九条第二項の規定による投票については、投票人が投票の記載の準備に着手してから投票を記載した投票用紙を郵送するためこれを封入するまでの間における当該投票に関する行為を行う場所を投票所とみなして、第七十八条第一項及び第八十四条中同項に係る部分の規定を適用する。

3　第四十六条の規定によりその例によるものとされる公職選挙法第四十九条第三項の規定による投票については、船舶において投票を管理すべき者及び投票を受信すべき市町村の選挙管理委員会の委員長は投票管理者と、投票の記載をし、これを送信すべき場所及び投票を受信すべき場所は投票所と、投票を受信すべきファクシミリ装置は投票箱と、船舶において投票に立ち会うべき者は投票立会人と、投票人が指示する○又は×の記号を記載すべき者と定められた者は第四十六条の規定によりその例によるものとされる同法第四十八条第二項の規定により○又は×の記号を記載すべきものと定められた者とみなして、この章の規定を適用する。

（在外投票の場合の罰則の適用）

第九十四条　この法律及びこの法律に基づく命令並びに第四十六条の規定によりその例によるものとされる公職選挙法及び同法に基づく命令により在外公館の長に属させられた事務に従事する在外公館の長及び職員並びに第二十一条第二項及び第三項に規定する在外投票人名簿の登録の申請の経由に係る事務に従事する者は、第六十三条第一項第一号、第七十二条第二項、第七十六条、第七十七条及び第八十八条第四項に規定する選挙管理委員会の職員とみなして、この章の規定を適用する。

2　第四十六条の規定によりその例によるものとされる公職選挙法第四十九条の二第一項の規定による投票については、その投票を管理すべき在外公館の長は投票管理者（第七十九条第一号に規定する投票管理者に限る。）と、その投票を記載すべき場所は投票所と、その投票に立ち会うべき者は投票立会人と、投票人が指示する○又は×の記号を記載すべきものと定められた者は第四十六条の規定によりその例によるものとされる同法第四十八条第二項の規定により○又は×の記号を記載すべきものと定められたものとみなして、この章の規定を適用する。

3　第四十六条の規定によりその例によるものとされる公職選挙法第四十九条の二第二項の規定による投票については、投票人が投票の記載の準備に着手してから投票を記載した投票用紙を郵送するためこれを封入するまでの間における当該投票に関する行為を行う場所を投票所とみなして、第七十八条第一項及び第八十四条中同項に係る部分の規定を適用する。

4　第四十六条の規定によりその例によるものとされる公職選挙法第四十九条の二第三項の規定による投票については、その投票を管理すべき市町村の選挙管理委員会の委員長は投票管理者（第七十九条第一号に規定する投票管理者に限る。）と、その投票を記載すべき場所は投票所と、その投票に立ち会うべき者は投票立会人と、投票人が指示する○又は×の記号を記載すべきものと定められた者は第四十六条の規定によりその例によるものとされる同法第四十八条第二項の規定により○又は×の記号を記載すべきものと定められた者とみなして、この章の規定を適用する。

（国外犯）

第九十五条　第七十二条、第七十三条、第七十五条から第七十七条まで、第七十八条第一項、第七十九条、第八十条、第八十一条第一項、第八十二条、第八十四条、第八十八条から第九十条まで並びに第九十一条第一項、第二項及び第三項（第六十七条の規定に違反して国民投票運動をした者に係る部分に限る。）の罪は、刑法第三条の例に従う。

第十五章　補則

（費用）

第九十六条　国民投票の執行に関する費用は、国庫の負担とする。

（行政手続法の適用除外）

第九十七条　この法律の規定による処分その他公権力の行使に当たる行為については、行政手続法（平成五年法律第八十八号）第二章及び第三章の規定は、適用しない。

（行政不服審査法による不服申立ての制限）

第九十八条　この法律の規定による処分その他公権力の行使に当たる行為については、行政

不服審査法（昭和三十七年法律第百六十号）による不服申立てをすることができない。
（特別区等に対する適用）
第九十九条　この法律中市に関する規定は、東京都の区の存する区域及び地方自治法第二百五十二条の十九第一項の指定都市においては、特別区及び区に適用する。
（町村組合等に関する特例）
第百条　この法律の規定の適用については、全部事務組合又は役場事務組合は一町村と、その組合の選挙管理委員会及び選挙管理委員は町村の選挙管理委員会及び選挙管理委員とみなす。
（交通至難の地等に関する特例）
第百一条　交通至難の島その他の地においてこの法律の規定を適用し難い事項については、政令で特別の規定を設けることができる。
（国民投票に関する期日の国外における取扱い）
第百二条　この法律に規定する国民投票に関する期日の国外における取扱い（国外にある船舶におけるものを除く。）については、政令で定める。
（政令への委任）
第百三条　この法律の施行に関し必要な規定は、政令で定める。
（投票人に関する記録の保護）
第百四条　市町村の委託を受けて行う投票人名簿に関する事務の処理に従事している者又は従事していた者は、その事務に関して知り得た事項をみだりに他人に知らせ、又は不当な目的に使用してはならない。
（事務の区分）
第百五条　この法律の規定により地方公共団体が処理することとされている事務は、地方自治法第二条第九項第一号に規定する第一号法定受託事務とする。

　　　附　則

（施行期日）
第一条　この法律は、　　　　　　から施行する。

日本国憲法改正国民投票法案要綱(「議連案要綱」)
(抜粋)

第1　総則

一　趣旨

　日本国憲法の改正についての国民の承認の投票(以下「国民投票」という。)については、この法律の定めるところによるものとすること。

※　憲法第96条によれば、憲法改正を行うためには、①国会による発議〜②国民投票による承認〜③天皇の公布という手続を経る必要がある。

　本法案は、このうち②③の手続について具体的に定めるものであり、①については、国会法の一部を改正する法律案として、別途準備をしているところである。

第2　国民投票の投票権

　国民投票の投票権を有する者は、国政選挙の選挙権を有する者のほか、選挙犯罪により公職選挙法上公民権を停止されている者とすること。ただし、この法律に規定する罪により禁錮以上の刑に処せられた者は、投票権を有しないものとすること。

※　国民投票の投票権は、国政選挙の選挙権を有する者に与えられることを原則とした。しかし、国政選挙の選挙権を有しない者(公選法11条1項、2項)であっても、選挙犯罪により公選法上公民権を停止されている者(同条1項5号、同条2項、252条)は、選挙のルールを破った者として公職の選挙についての選挙権を否定される理由はあるものの、憲法改正の投票権までも否定する理由に乏しいと考えられる。よって、本法案では、このような者についても、投票権を与えることとした。ただし、このように選挙のルールを破った者が、国民投票に関して他人に働きかける行動をすることは認めるべきではない。そこで、これらの者は国民投票運動をすることはできないこととしている(第11の4)。

　一方、この法律に規定する罪(国民投票運動の規制に違反する罪等)により処罰された者は、国民投票制度のルールに違反した者として、一定期間、国民投票の投票権を認めないこととした。なお、第11の4参照。

第4　国民投票の期日等

1　国民投票は、国会が憲法改正を発議した日から起算して60日以後90日以内において内閣が定める期日に行うものとすること。ただし、国政選挙の期日その他の特定の期日に行う旨の国会の議決がある場合には、当該期日に行うものとすること。

2　内閣は、少なくとも国民投票の期日の20日(衆議院議員の総選挙の期日に行う場合にあっては12日、参議院議員の通常選挙の期日に行う場合にあっては17日)前に、国民投票の期日及び内閣に送付された憲法改正案を官報で告示しなければならないものとする

こと。
※　国民投票の期日を憲法改正の発議後何日以内にするか、また、告示をいつまでに行うかは、周知期間をどの程度とるべきかという判断とリンクしている。
　国民に憲法改正案についての周知を徹底させるためには、十分な期間が必要であるが、あまり、期間が長いと逆に関心が薄れるおそれもある。そこで、本法案では、両方の要請の調和点として上記の日数を制定した。
　ちなみに、昭和28年の自治庁案では、発議後35～90日の間に国民投票を行い、投票期日の25日以前に告示を行うこととなっていた。

第5　投票及び開票

※　投票及び開票の部分は、基本的に、国政選挙及び最高裁判所裁判官国民審査の該当部分にならっている。
一　1人1票
　国民投票は、1人1票に限るものとすること。
二　投票管理者及び投票立会人
　投票管理者及び投票立会人に関し、必要な規定を置くものとすること。
※　投票管理者、投票立会人は、国政選挙等における公職選挙法の投票管理者、投票立会人と同様の職務を行う者である。
三　投票用紙の様式
　投票用紙には、憲法改正に対する賛成又は反対の意思を表示する記号を記載する欄を設けるとともに、憲法改正案を掲載しなければならないものとすること。
※　投票権者が投票する際に、憲法改正案の内容を十分認識して投票できるように、投票用紙には憲法改正案を掲載するものとした。ただし、改正案が大部にわたる場合は、掲載の仕方を工夫する必要がある。
四　投票の方式
　投票人は、投票所において、憲法改正に対し賛成するときは投票用紙の記載欄に○の記号を、憲法改正に対し反対するときは投票用紙の記載欄に×の記号を、自ら記載して、これを投票箱に入れなければならないものとすること。
※　憲法改正の内容が複数の事項にわたる場合、一部に賛成で、一部に反対という意思表示の方法を認める必要があるのではないかが問題になる。しかし、そのような場合は、国会が改正案を発議する際に、改正の対象となる各々の事項ごとに発議を行えば、各事項に係る発議に対応して投票を行うことになるので、一部賛成、一部反対の票を投じることと同じ結果が得られるのではないか。
　すなわち、この問題は、国会の発議の方法を工夫することによって解決できると思われる（国会法の一部を改正する法律案要綱参照）。

第7　国民投票の効果

一　国民の承認
　国民投票の結果、憲法改正に対する賛成投票の数が有効投票総数の二分の一を超える場合

は、当該憲法改正について国民の承認があったものとすること。
※ 憲法改正の効果の発生要件として、憲法第96条は「（国民）投票においてその過半数の賛成を必要とする」と定めるが、「過半数」の意味として、本案のように、①有効投票総数の過半数が賛成である場合とする考えのほか、②投票総数の過半数が賛成である場合とする考え、等があるが、棄権票や無効票を一律に反対票と同視するのは適切でないので、有効投票総数の過半数が賛成であることを憲法改正の効果発生要件とした。

第11　国民投票運動に関する規制

※ 本法案では、国民投票に関する運動については、基本的に自由であるという原則の下に、公務員のように、立場上、公正であることが求められる者の行為、国民に多大な影響を与えるマスコミによる虚偽報道等の不当な行為等についてのみ、公選法にならった規制を設けている。

しかし、国民投票に関する運動は、公選法の選挙運動のように運動期間が明確に限られているわけではないこと等から、規制の範囲が必ずしも明確ではない。また、規制に違反した場合は罰則が適用されることが想定されるので、罪刑法定主義の要請を満たす必要もある。そこで、規制される運動の範囲をある程度明確にするよう、今後、検討が必要である。

なお、未成年者使用の国民投票運動の規制の是非についても論議があるが、国民投票に関する運動は基本的に自由とするという原則から、規制を設けないこととした。

一　特定公務員等の国民投票運動の禁止
1　中央選挙管理会の委員等、選挙管理委員会の委員及び職員、裁判官、検察官、警察官等は、在職中、国民投票に関し憲法改正に対し賛成又は反対の投票をさせる目的をもってする運動（以下「国民投票運動」という。）をすることができないものとすること。
※ この規定では、公務員のうち国民投票に関する公正さが特に強く求められるものの国民投票運動を禁止している。
※ 禁止される「国民投票運動」を、「国民投票に関し憲法改正に対し賛成又は反対の投票をさせる目的をもってする運動」と定義しているが、この表現では、憲法改正について意見を表明するあらゆる行為が規制の対象になる可能性があり、過度に広汎な規制となるおそれがないかについて更に検討の必要がある。
2　国民投票の投票管理者、開票管理者、国民投票分会長及び国民投票長は、在職中、その関係区域内において、国民投票運動をすることができないものとすること。
3　不在者投票管理者は、不在者投票に関し、その者の業務上の地位を利用して国民投票運動をすることができないものとすること。
※ 2、3の規定は、国民投票の事務に関与する者がその事務に関して国民投票運動を行うことを、1と同様に、禁止したものである。
二　公務員等及び教育者の地位利用による国民投票運動の禁止
国又は地方公共団体の公務員等及び教育者（学校教育法に規定する学校の長及び教員をいう。）は、その地位を利用して国民投票運動をすることができないものとすること。
※ 一般の公務員、教職員は、その職務上の地位を利用して国民投票運動を行うことができないこととしたものである。

三 外国人の国民投票運動の禁止等
1 外国人は、国民投票運動をすることができないものとすること。
2 外国人、外国法人等は、国民投票運動に関し、寄附をしてはならず、何人も、国民投票運動に関し、外国人、外国法人等から寄附を受けてはならないものとすること。
3 何人も、国民投票運動に関し、外国人、外国法人等に対し、寄附を要求し、又はその周旋若しくは勧誘をしてはならないものとすること。

※ 本法案では、憲法改正は主権者たる日本国民の自主的な判断に基づいて判断されるべきであるという考えに立って、外国人の国民投票運動を禁止した。
　しかし、上記のように、禁止されるべき国民投票運動の外延が必ずしも明確でないことを考えると、外国人に国民投票運動の一切を認めないことは、現在の国際化した社会において、過度の規制となるおそれがないか更に検討する必要がある。
　ちなみに、昭和28年の自治庁案では、この案と同様の規制がなさてれいる。

四 国民投票に関する罪を犯した者等の国民投票運動の禁止
　この法律に規定する罪により刑に処せられ国民投票の投票権を有しない者及び公職選挙法上公民権を停止されている者は、国民投票運動をすることができないものとすること。

五 予想投票の公表の禁止
　何人も、国民投票に関し、その結果を予想する投票の経過又は結果を公表してはならないものとすること。

六 新聞紙又は雑誌の虚偽報道等の禁止
　新聞紙（これに類する通信類を含む。以下同じ。）又は雑誌は、国民投票に関する報道及び評論において、虚偽の事項を記載し、又は事実をゆがめて記載する等表現の自由を濫用して国民投票の公正を害してはならないものとすること。

※ この規定は、新聞紙、雑誌等が国民投票に関して虚偽の報道等を行うことを禁止したものである。例えば、憲法を改正した場合あるいは改正しなかった場合に、どのような事態が生じるかについて予想を記載するような行為は、一般的には虚偽の報道には当たらない。

※ 本案では、マスコミに対する規制は、公選法に規定されているもののうち、虚偽報道の禁止及びマスコミを買収して報道を行わせる行為等の禁止について規定するだけである。表現の自由の尊重の要請がある一方で、マスコミの影響力の大きさを考慮しつつ、マスコミの報道に対してどこまで規制を行うべきかの議論が更に必要である。

七 新聞紙又は雑誌の不法利用等の制限
1 何人も、国民投票の結果に影響を及ぼす目的をもって、新聞紙又は雑誌の編集その他経営を担当する者に対し、財産上の利益の供与等を行って、当該新聞紙又は雑誌に国民投票に関する報道及び評論を掲載させることができないものとすること。
2 新聞紙又は雑誌の編集その他経営を担当する者は、財産上の利益の供与を受けること等によって、当該新聞紙又は雑誌に国民投票に関する報道及び評論を掲載することができないものとすること。
3 何人も、国民投票の結果に影響を及ぼす目的をもって、新聞紙又は雑誌に対する編集その他経営上の特殊の地位を利用して、当該新聞紙又は雑誌に国民投票に関する報道及び評論を掲載し、又は掲載させることができないものとすること。

※　1、2、3の規制は、公選法にならって、マスコミを買収して国民投票に関する記事を掲載させるような行為、あるいは、マスコミが買収されて国民投票に関する記事を掲載するような行為等の不当な行為を禁止するものである。
　マスコミに憲法改正に関する広告を記載させるような行為は、規制の対象にならない。
八　放送事業者の虚偽報道等の禁止
　日本放送協会又は一般放送事業者は、国民投票に関する報道及び評論において虚偽の事項を放送し、又は事実をゆがめて放送する等表現の自由を濫用して国民投票の公正を害してはならないものとすること。
※　新聞、雑誌と同様に、テレビ等においても、虚偽報道等を禁止するものである。

第12　罰則

1　買収罪、国民投票の自由妨害罪、投票の秘密侵害罪、国民投票運動の規制違反の罪その他の罪に関し、必要な罰則の規定を置くものとすること。
2　国外犯に対し、必要な罰則の規定を置くものとすること。

国民投票法等に関する与党協議会実務者会議報告

平成16年12月3日

　国民投票法等に関する与党協議会実務者会議は、平成16年4月21日の第1回会合以来、11月30日までの間、合計9回の会合を重ねてきた。その間、6月2日には、国民投票法等に関する与党協議会に対して、審議状況について中間報告を行った。

　中間報告を行った後も、11月下旬に至るまでの間、精力的に、「国会法の一部を改正する法律案」及び「日本国憲法改正国民投票法案」に関する審議及び検討を行ってきたところである。

　その結果、11月30日に下記のように合意に達したので、国民投票法等に関する与党協議会に報告を行うものである。

記

1　「日本国憲法改正国民投票法案」については、自由民主党が提案した法（超党派の憲法調査推進議員連盟作成のいわゆる「議連案」と同じ内容のもの）に【別紙】のとおり修正を加え、これを基に法案化の作業を進める。

2　1の「日本国憲法改正国民投票法案」を審査するため、国会法を改正し、衆参両院の憲法調査会に日本国憲法第96条第1項に定める国民投票に関する法律案の審査及び起草権限を付与するものとする。なお、憲法調査会の名称については、両院の議院運営委員会に協議を委ねる。

3　上記1及び2の両法案はいずれも次の常会に提出するものとし、2の「国会法改正案」については4月中に成立を図り、憲法調査会において最終報告書を議長に提出した後、引き続き、1の「日本国憲法改正国民投票法案」の審査に入り、その早期の成立を図る。

4　なお、憲法改正案を発議するための原案の審査を行う権限については、これを上記2の機関にさらに付与することを念頭に、その環境及び条件等を整えつつ、引き続き、検討を行う。

以上

日本国憲法改正国民投票法案骨子
（「国民投票法案骨子」）

＊下線は自民党提示案（議連案）からの修正点

第一　総則

一　趣旨

　日本国憲法の改正についての国民の承認の投票（以下「国民投票」という。）については、この法律の定めるところによるものとすること。

二　国民投票の期日等

1　国民投票は、国会が憲法改正を発議した日から起算して<u>30日</u>以後90日以内において内閣が定める期日に行うものとすること。

2　内閣は、<u>国民投票の期日前20日</u>までに、国民投票の期日を官報で告示しなければならないものとすること。この場合において、国会から内閣に送付された憲法改正案を併せて掲載するものとすること。

> **修正点**　自民党提示案では、
> 【1について】
> 「60日以後90日以内」とされていた。
> 「国政選挙の期日その他の特定の期日」に行う旨の国会の議決がある場合には、当該期日に国民投票を行うこととされていた。→削除
> 【2について】
> 　国民投票の期日が国政選挙の期日と重なる場合には、国民投票の期日の告示を国政選挙の期日の公示と同じ日に行うこととされていた。→削除
> ※「与野党が政権の維持・獲得を目指し相争う国政選挙」と「与党と主要野党間で合意した憲法改正案に対する賛否を争点とする国民投票」との性格の相違にかんがみれば、国民投票と国政選挙は別個に行われることが適当であることから、両者が同時に行われる場合を念頭に置くことなく、国民投票の期日の告示日を定めることとした。

三　国民投票の投票権

　<u>衆議院議員及び参議院議員の選挙権を有する者は、</u>国民投票の投票権を有するものとすること。

> **修正点**　自民党提示案では、投票権者は、国政選挙の選挙権を有する者のほか、軽微な選挙違反による公民権停止者等を含むものとされていた。
> ※国民投票の投票権は、国民の国政への参加の権利として国政選挙の選挙権と同等のものと考えられることから、国民投票の投票権者は国政選挙の選挙権者と一致させること

とした。

四　国民投票に関する事務の管理
　国民投票に関する事務は、中央選挙管理会が管理するものとすること。
五　投票人の名簿
　国民投票には、公職選挙法に規定する選挙人名簿及び在外選挙人名簿を用いるものとすること。

> **修正点**　自民党提示案では、公職選挙法上の選挙人名簿とは別に投票人名簿を調製することとされていた。
> ※選挙人名簿とは別に投票人名簿を調製することとすると、名簿調製のための期間の確保（特に在外投票）が難しいなどの問題が生じることから、国民投票においても公職選挙法上の選挙人名簿を用いることとした。

六　国民投票に関する啓発、周知等
　総務大臣、中央選挙管理会並びに都道府県及び市町村の選挙管理委員会は、国民投票に際し、国民投票の方法その他国民投票に関し必要と認める事項を投票人に周知させなければならないものとすること。

第二　投票及び開票

一　一人一票
　国民投票は、一人一票に限るものとすること。
二　投票管理者及び投票立会人
　投票管理者及び投票立会人に関し、必要な規定を置くものとすること。
三　投票の方式等
1　投票人は、投票所において、憲法改正に対する賛成又は反対の意思を表示する記号を、自ら記載して、これを投票箱に入れなければならないものとすること。
2　投票用紙の様式、投票の方式、投票の効力その他国民投票の投票に関し必要な事項は、憲法改正の発議の際に別に定める法律の規定によるものとすること。

> ※投票用紙の様式、投票用紙に憲法改正案を掲載するか等については、憲法改正の発議の都度、改めて別に法律（例えば「平成○年日本国憲法改正国民投票実施法」）で定めることとしている。例えば、複数項目に係る憲法改正案の場合に、全体を一括で国民投票に付すか、項目別に国民投票に付すかに応じて、投票用紙の様式等が定められたり、また、憲法改正案の内容（分量）に応じて、投票用紙への改正案の記載の有無が定められたりすることとなる。
> **修正点**　自民党提示案では、投票用紙の様式等について規定していた。

四　開票管理者及び開票立会人
　開票管理者及び開票立会人に関し、必要な規定を置くものとすること。
五　投票及び開票に関するその他の事項

この法律及び三の２の法律に規定するもののほか、国民投票の投票及び開票に関しては、衆議院比例代表選挙の投票及び開票に関する規定の例によるものとすること。

第三　国民投票分会及び国民投票会

一　国民投票分会及び国民投票会
　国民投票分会及び国民投票会について必要な規定を置くものとすること。
二　国民投票の結果の告示等
1　中央選挙管理会は、国民投票の結果の報告を受けたときは、有効投票総数、賛成投票数及び反対投票数並びに賛成投票数が有効投票総数の二分の一を超える旨又は超えない旨を官報で告示するとともに、総務大臣を通じ内閣総理大臣に通知しなければならないものとすること。
2　内閣総理大臣は、1の通知を受けたときは、直ちにこれを両議院の議長に通知しなければならないものとすること。

第四　国民投票の効果

一　国民の承認
　国民投票において、憲法改正に対する賛成投票の数が有効投票総数の二分の一を超えた場合は、当該憲法改正について国民の承認があったものとすること。
二　憲法改正の公布
　内閣総理大臣は、中央選挙管理会より、憲法改正に対する賛成投票の数が有効投票総数の二分の一を超える旨の通知を受けたときは、直ちに当該憲法改正の公布の手続きを執らなければならないものとすること。

第五　訴訟

> **修正点**　自民党提示案では、一の「国民投票無効の訴訟」と二の「国民投票の結果の無効の訴訟」を一つの訴訟として規定していたが、公職選挙法の「選挙無効の訴訟」、「当選無効の訴訟」の区分にならって区別して規定した。

一　<u>国民投票無効の訴訟</u>　※「選挙無効の訴訟」に相当する訴訟
1　国民投票の効力に関し異議があるときは、投票人は、中央選挙管理会を被告として、国民投票の結果の告示の日から起算して30日以内に、東京高等裁判所に訴訟を提起することができるものとすること。
2　1による訴訟の提起があった場合において、国民投票に関する規定に違反することがあるときは、国民投票の結果（憲法改正に対する賛成投票の数が有効投票総数の二分の一を超えること又は超えないことをいう。）に異動を及ぼすおそれがある場合に限り、裁判所は、その国民投票の全部又は一部の無効の判決をしなければならないものとすること。
二　<u>国民投票の結果の無効の訴訟</u>　※「当選無効の訴訟」に相当する訴訟
　国民投票の結果の効力に関し異議があるときは、投票人は、中央選挙管理会を被告として、国民投票の結果の告示の日から起算して30日以内に、東京高等裁判所に訴訟を提起するこ

とができるものとすること。
三　訴訟の処理に係る原則
　一又は二による訴訟については、裁判所は、他の一切の訴訟に優先して、速やかにその裁判をしなければならないものとすること。
四　訴訟の提起が投票の効果に与える影響
　一又は二による訴訟が提起されても、その無効判決が確定するまでは、国民投票の効果に影響を及ぼさないものとすること。

第六　再投票及び更正決定

一　再投票
1　第五の一又は二による訴訟の結果、国民投票の全部若しくは一部が無効となった場合又は国民投票の結果が無効となった場合（二の更正決定が可能な場合を除く。）においては、更に国民投票を行わなければならないものとすること。
2　第五の一若しくは二による訴訟を提起することができる期間又はこれらの訴訟が裁判所に係属している間は、再投票を行うことができないものとすること。
二　更正決定
　第五の二による訴訟の結果、国民投票の結果が無効となった場合において、再投票を行わずに国民投票の結果を定めることができるときは、国民投票会を開き、これを定めなければならないものとすること。

※再投票を行わずに更正決定をすることができるのは、第五の二の「国民投票の結果の無効の訴訟（当選無効の訴訟に相当）」についてだけであって、第五の一の「国民投票無効の訴訟（選挙無効の訴訟に相当）」については、その性質上更正決定はできない（無効の場合には、すべて再投票となる）。

第七　国民投票に関する周知

一　国民投票公報
　都道府県の選挙管理委員会は、憲法改正案、投票用紙の見本その他国民投票に関し参考となるべき事項を掲載した国民投票公報を発行しなければならないものとすること。
二　投票記載所の憲法改正案の掲示
　市町村の選挙管理委員会は、国民投票の当日、投票所内の投票の記載をする場所その他適当な箇所に憲法改正案の掲示をしなければならないものとすること。

※「憲法改正の発議の際に別に定める法律」で憲法改正案を投票用紙に記載することとした場合も含めて、投票記載所に憲法改正案を掲示することとした。
修正点　自民党提示案では、該当規定なし。

第八　国民投票運動に関する規制

※国民投票運動の規制に関しては、基本的に自由であるとの原則の下に公正な国民投票のために必要最小限度の規定のみを整備した自民党提示案（議連案）を維持することとした。

一　投票事務関係者等の国民投票運動の禁止
1　国民投票の投票管理者、開票管理者、国民投票分会長及び国民投票長は、在職中、その関係区域内において、国民投票に関し憲法改正に対し賛成又は反対の投票をさせる目的をもってする運動（以下「国民投票運動」という。）をすることができないものとすること。
2　不在者投票管理者は、不在者投票に関し、その者の業務上の地位を利用して国民投票運動をすることができないものとすること。
3　中央選挙管理会の委員等、選挙管理委員会の委員及び職員、裁判官、検察官、警察官等は、在職中、国民投票運動をすることができないものとすること。

二　公務員等及び教育者の地位利用による国民投票運動の禁止
　国又は地方公共団体の公務員等及び教育者（学校教育法に規定する学校の長及び教員をいう。）は、その地位を利用して国民投票運動をすることができないものとすること。

三　外国人の国民投票運動の禁止等
1　外国人は、国民投票運動をすることができないものとすること。
2　外国人、外国法人等は、国民投票運動に関し、寄附をしてはならず、何人も国民投票運動に関し、外国人、外国法人等から寄附を受けてはならないものとすること。
3　何人も、国民投票運動に関し、外国人、外国法人等に対し、寄附を勧誘し、又は要求してはならないものとすること。

四　国民投票に関する罪を犯した者等の国民投票運動の禁止
　この法律に規定する罪により刑に処せられ国民投票の投票権を有しない者及び公職選挙法上公民権を停止されている者は、国民投票運動をすることができないものとすること。

五　予想投票の公表の禁止
　何人も国民投票に関し、その結果を予想する投票の経過又は結果を公表してはならないものとすること。

六　新聞紙又は雑誌の虚偽報道等の禁止
　新聞紙（これに類する通信類を含む。以下同じ。）又は雑誌は、国民投票に関する報道及び評論において、虚偽の事項を記載し、又は事実をゆがめて記載する等表現の自由を濫用して国民投票の公正を害してはならないものとすること。

七　新聞紙又は雑誌の不法利用等の制限
1　何人も、国民投票の結果に影響を及ぼす目的をもって、新聞紙又は雑誌の編集その他経営を担当する者に対し、財産上の利益の供与、供応接待等を行って、当該新聞紙又は雑誌に国民投票に関する報道及び評論を掲載させることができないものとすること。
2　新聞紙又は雑誌の編集その他経営を担当する者は、財産上の利益の供与を受けること等によって、当該新聞紙又は雑誌に国民投票に関する報道及び評論を掲載することができな

いものとすること。
3 　何人も、国民投票の結果に影響を及ぼす目的をもって、新聞紙又は雑誌に対する編集その他経営上の特殊の地位を利用して、当該新聞紙又は雑誌に国民投票に関する報道及び評論を掲載し、又は掲載させることができないものとすること。
八 　放送事業者の虚偽報道等の禁止
　　日本放送協会及び一般放送事業者は、国民投票に関する報道及び評論において、虚偽の事項を放送し、又は事実をゆがめて放送する等表現の自由を濫用して国民投票の公正を害してはならないものとすること。

第九　罰則

1 　買収罪、国民投票の自由妨害罪、投票の秘密侵害罪、国民投票運動の規制違反の罪その他の罪に関し、必要な罰則の規定を置くものとすること。
2 　国外犯に対し、必要な罰則の規定を置くものとすること。

第十　その他

1 　国民投票の執行に関する費用は、国庫の負担とするものとすること。
2 　この法律の施行に関し必要な事項は、政令で定めるものとすること。
3 　その他所要の規定を設けるものとすること。

第十一　施行期日

　　この法律は、　　　　から施行するものとすること。

憲法改正国民投票法制に係る論点とりまとめ案
（民主党憲法調査会拡大役員会案）

2005年4月25日（月）
民主党憲法調査会総会提出資料

〔本案は、民主党憲法調査会拡大役員会においてこれまで検討を重ね、とりまとめたものである。憲法、国会法、国民投票法（仮称）に係る論点を総括して取扱っており、論点1.〜14.について「提案」（役員会案）として枠内で囲んだ。また、参考として「他に選択しうる案」を示した。〕

論点1．国民投票制度がカバーする範囲（直接民主制の補完的導入）

> 【提案】
> 　憲法改正に限らず、皇室制度、家族制度、生命倫理など、国民の重大な関心事、政策テーマについても国民投票をおこなうべきである（必要的投票のほか、任意的投票を容認する案）

【理由】
　憲法改正案以外の重要な国家的政策課題についても、国民投票によって国民の意思を反映させるべきとの意見が多数である。
　国民投票制度の積極的活用は、直接民主制の契機となりうるが、あくまで現行憲法41条の国会単独立法の原則（国会による立法は、国会以外の機関の参与を必要としないで成立するとの原則）を害しない程度で、任意的国民投票を制度化する方向で検討する。

【他に選択しうる案】
　国民投票は、憲法改正手続に限定すべきである（必要的投票に限定する案）。
〈理由〉①任意的投票制度の導入は、間接民主制の原則（前文、43条）に反する。
　　　　②どのような場合に任意的国民投票を実施するかが明確でなく、かえって迅速な意思決定を遅らせる危険がある。
　　　　③そもそも96条が予定し、必要としている国民投票制度と、そうでない任意の国民投票制度を同じ法律で定めることには問題がある。

論点2．憲法改正の限界

> 【提案】
> 　憲法改正の限界を認める（憲法改正限界説）。平和主義、国民主権（立憲民主主義）、憲法改正規定など、根本規範としての中核をなす部分については、改正できない。

【理由】
　憲法典において、平和主義、国民主権、基本的人権の尊重などは、他の規定と比べて優越した規範性を有していることに異論はないと思われる。但し、この案を採用した場合には、憲法改正の限界を逸脱した国民投票に関して投票無効の争い（司法審査）が生じうることになろう。
【他に選択しうる案】
　憲法改正に限界はない（憲法改正無限界説）。
〈理由〉①憲法規範に価値序列は存在しない。
　　　　②憲法改正権は憲法制定権力と同視しうる、万能の権利である。

論点3．発案権の所在
〔説明資料〕
　「発議」は「国会」が行うが（憲法96条）、法律案提出権との対比で内閣に改正案の提出権（発案権）を認めるかどうかが議論となりうる。
○内閣による憲法改正案の発案は認めない。一方、国会議員は憲法制定権力者たる国民から法律を改廃する権能―立法権―は付託されているとしても、憲法改正の最終的な決定権は国民に留保されている。このことに鑑み、憲法改正国民投票には国民からの発案（イニシアティヴ）制度を検討すべきことを提案する。

【提案】
　国会による発案（96条1項）のほか、「国民による発案」も一定の条件下で認めるべきである。内閣の発案権は、これを認めないこととすべきである。

【理由】
　論点1.において、任意的国民投票を容認し国民投票で扱うべきテーマを憲法改正以外にも拡げるべきことに触れた。様々なテーマで国民投票が実施されることが期待されるところである。国民投票を通じて（憲法制定権力者たる）国民の政治参加を拡充するために、発案権を出来るだけ広く考えるべきである。
　もっとも、どのような方式・要件の下で国民発案を認めるか（国会でどう取り扱うか）については、今後議論を要する。
　また、内閣の発案権は否定すべきである。内閣による法律案提出権と同様に肯定する見解があるが、憲法改正は当初から国民投票が予定されていることから、法律案の提出とはもともと性質が異なると考えるべきである。
【他に選択しうる案】
ア．国会のみ発案権が認められる。
〈理由〉①96条1項には、「国会がこれを発議し、」と規定している。
　　　　②国民の関与は国会発議後の国民投票によってなされるというのが96条の趣旨である。
　　　　③そもそも憲法改正には、手続の厳格さと審議の慎重さが求められるので、国会以外の国家機関、国民の関与は制限すべきである。

イ．内閣にも発案権を認める。
〈理由〉発案権を認めても、国会の発議権まで侵すことにはならない。

論点４．憲法改正の方式
〔説明資料〕
○憲法改正の方式については、書替改定方式（溶け込み方式）を基本とする。
※「憲法改正国民投票制度法案に関する民主党の基本的態度」（2005年２月１日まとめ）において、民主党の方針を出している。
※公明党は加憲（修正条項）方式を打ち出している。

> 【提案】
> 　書替改訂方式（溶け込み方式）によるべきである（逐条改正方式が前提）。
> 　これは、「○○法の一部を改正する法律」で、実際使われている法改正方式である。

【理由】
　「憲法改正国民投票制度法案に関する民主党の基本的態度」（2005年２月１日まとめ）では、党として書替改訂方式（溶け込み方式）によるべきことを確認している。
　書替改訂方式（溶け込み方式）は、改正の度に条文が改まるので、現在有効な規範（条文）を知ることが容易である。

【他に選択しうる案】
ア．全面改正方式（→前文も含め、「日本国憲法」の表題から後の部分をすべて改正する）
〈理由〉新憲法の制定に相応しい方式である。
イ．修正条項方式（→前文、各条項の後に、修正条項を入れる）
〈理由〉改正前の規定がそのまま整序されるので、改正の経緯を知るのに適する。

論点５．「総議員」の意義
〔説明資料〕
　憲法改正の発議には各議院の「総議員」の３分の２以上の賛成が必要とされている（96条１項）。この点については、①各議院の法定議員数を指す、②各議院の在職議員数を指す（欠員は差し引く）という考え方がある。
○「総議員」の意義について、在職議員を指すとするのが学説上は多数とされているが、衆議院・参議院の先例（ただし、憲法84条）は、各議院の法定議員数となっていることからも、法定議員数とすべき。

> 【提案】
> 　各議院の法定議員数と解すべきである（欠員は反対票と同じ扱いになる）

【理由】
　硬性憲法であるがゆえ、発議に至るまでの手続の慎重さと厳格さが求められるので、「総議員」数が安易に変動しないようにするべきである。

【他に選択しうる案】
　各議院の在職議員数（→法定議員数から欠員を差し引いた数）
〈理由〉法定議員数を考えると、欠員は常に反対投票をしたのと同じ扱いになり、意思を正しく反映しない。

論点６．憲法改正発議の方法・広報
〔説明資料〕
○憲法改正発議の方法については、両議院の議決があったときに発議があったものと考えられる（憲法96条１項「この憲法の改正は、各議院の総議員の３分の２以上の賛成で、国会が、これを発議し、……」）。
○「憲法改正両院合同審査会」（仮称）において、両院で異なる議決をした場合の対応協議を行うこととすること。
○この発議内容についての広報活動（たとえばパンフレットの作成）も工夫して法定すべき。

【提案】
　両院において、憲法改正案の提出→審議→可決という経過を経て、原案がそのまま可決した場合には、他の特別な手続を経ずして発議があったと見るべきである。
　さらに、発議内容の広報のあり方について検討すべきである。
　また、両院で異なる議決（一部修正等）をする可能性に配慮し、「憲法改正両院合同審査会」（仮称）を設置すべきである。
　もっとも、ポスト調査会の設置を含め、国会法の改正等の諸論点については、衆・参憲法調査会の議論を十分尊重・配慮し、党内議論を積み重ねていくべきである。

【理由】
　まず、憲法改正の発議について、現行憲法は手続要件をとくに加重していないが、衆・参両院で異なる憲法改正案を議決する可能性もあることに配慮しなければならない。憲法改正両院合同審査会（仮称）において、さらなる意見調整を図り、意思統一を図る必要があろう。憲法改正両院合同審査会（仮称）のあり方については、今後議論を行う必要がある。
　衆・参ポスト調査会の設置形態（権限）に係る論議がなお残っている。今後、各党協議が鋭意進められていく予定があるので、両院の意思統一を確認しつつ、成案を得る努力を積み重ねていく。

論点７．憲法改正発議後の周知期間（発議から国民投票までの期間）
〔説明資料〕
　憲法改正発議後の周知期間についてどう考えるかについて、①憲法調査推進議員連盟案では60日以降90日以内、②自公案では30日以降90日以内とされている。
○そもそも、あらかじめ一律に法定しなければならないか。内容によっては、半年程度の国民的論議があってもよいのではないかなど考慮すると、一応60日以後180日以内とし、発議時その周知期間を決めるという仕組みが適切ではないか。

【提案】
　　60日以後、180日以内とし、憲法改正案につき一律に周知期間を定めることなく、発議の際に個別に決することとすべきである。

【理由】
　国民投票運動は、候補者（政党・政治団体）に投票する通常の公職選挙とは異なる。
　国民投票運動を活性化させ、国民には改正案の内容について多角的な観点で判断する時間と機会が十分に保障されなければならない。
　まず、下限の60日についてであるが、論点8.（下記）において未成年者にも投票権を拡大するケースが想定しうることや、その他様々な投票準備が必要となることからしても、最低2ヶ月程度の周知期間は必要であると考える。
　また、上限の180日については、改正案の内容によっては、半年近くかけて慎重に決すべき事柄が想定しうることを根拠とする。
　周知期間を発議の際に個別に決することにより、国会の意思を明確にしておく必要があると思われる。

【参考】
　憲法調査推進議員連盟案…60日以後90日以内
　与党案…30日以後90日以内

論点8．投票権者の範囲

〔説明資料〕
○投票権者の範囲については18歳以上を原則とする。
※義務教育修了者については、憲法改正の内容いかんによりその度ごとに投票権を付与する、という整理でどうか。
※選挙犯罪を犯して公民権停止になっている者は選挙人名簿に登載されないことになっているが、公職の選挙と異なり、国民投票には参加できるという整理でよいか。

【提案】
　国民投票権者は、日本国籍を有する18歳以上の日本国民とすべきである。例外的に、義務教育修了者までに対象を拡げるべきである。
　公民権停止中の者でも、投票権を有することとすべきである。

【理由】
　民主党は選挙権の18歳引下げをマニフェストで掲げていることから、国民投票権者の範囲についても整合性を保つ必要がある。
　例外として、義務教育修了者にまで引き下げる場合が問題となる。役員会としては、子どもの人権について改正が行われる場合（子どもの権利条約の国内法制化として、子どもの権利・義務が「憲法」に規定されようとしている場合）を想定している。義務教育段階では、憲法の理念、人権カタログの内容、統治構造などについては既に学習済みであり、将来の有権者としての政治的意思を尊重することに十分な意義があると考える。

また、年齢の問題ではないが、選挙犯罪を犯して公民権停止になっている者は選挙人名簿に登載されないことになっているが、公職の選挙と国民投票は質的に異なるので、国民投票に参加することができることとすべきである。
【他に選択しうる案】
　日本国籍を有する20歳以上の日本国民とすべきである。
〈理由〉①未成年者には、憲法改正案についての判断能力が十分でない。
　　　　②96条1項は、国政選挙と国民投票の同時実施を予定し、選挙権者と投票権者が一致することを示唆している。
　　　　③選挙権者と国民投票権者を別と解すると、現にある選挙人名簿とは別に「投票人名簿」が必要になるなど調製が煩雑である。また、洋上投票や在外投票においては、一部の者の投票権が奪われるケースが出てくる。
　　　　④国民投票に係る罪を犯した少年は保護処分の対象となり投票権は失わないが、成年者の場合には投票権が停止する不均衡を避けるべきである。

論点9．外国人の国民投票運動の自由（意見表明権）
〔説明資料〕
○公共の福祉に反する場合（内在的制約）を除き、可及的に保障されるべきである。

> 【提案】
> 　外国人の国民投票運動の自由は、公共の福祉に反する場合（内在的制約）を除き、可及的に保障されるべきである。

【理由】
　憲法改正国民投票という国政上の重要な意思決定に、日本国籍を有しない外国人が参加することは認められないが、意見表明権は最大限保障されるべきである。例えば、日本に生活の本拠を置く定住外国人などは、その利害関係性が容易に想起しうる。
【他に選択しうる案】
　外国人の国民投票運動の自由は、保障されない。
〈理由〉①投票権がない外国人に、国民投票運動の自由を認める意義は乏しい。
　　　　②マクリーン事件判決（最判昭53.10.4）は、外国人の政治活動の自由について「政治活動の自由についても、わが国の政治的意思決定又はその実施に影響を及ぼす活動等外国人の地位にかんがみ、これを認めることが相当でないと解されるものを除き、その保障が及ぶ」と判示している。国民投票運動は「政治活動」に他ならず、まさに「わが国の政治的意思決定又はその実施に影響を及ぼす」おそれがある。

論点10．国民投票の方式
〔説明資料〕
　複数の条項・テーマについて改正が発議された場合に、一括投票とするかどうかという問題。
○憲法改正国民投票の方式については個別テーマごとの投票方式を原則とする。

憲法改正国民投票法制に係る論点とりまとめ案

※このことは、憲法改正の発議の内容にもかかわり、直ちに「逐条」を意味しない。論理的に不可分な関係を持つ条項については同時に賛否を問うことになる。

> 【提案】
> 　個別投票方式を原則とすべきである。また、相互不可分な条文の間で投票矛盾が生じないような、投票用紙の工夫が必要である（この点は、論点6．の憲法改正発議の方法如何にも関係する）。

【理由】
　論点4.において、逐条改正方式を前提とした「書替改訂方式（溶け込み方式）」を原則採用することから、各改正案について個別に国民の意思を問うのが論理的である。
　もっとも、内容的に相互不可分な条文で矛盾した投票行動が起きないように、その場合には限定的に一括投票方式を採るなど、制度上の工夫が求められる。

【他に選択しうる案】
　一括投票方式（→改正案のすべてを一括して賛否を問う）
〈理由〉各改正案につき、賛否それぞれ集計すると、手間がかかる。
※もっとも、一括投票となるか個別投票となるかは、国会がどのような形式で憲法改正案を発議するかにもよる。

論点11．国民投票における「過半数」の意義

〔説明資料〕
　国民投票における「過半数」の意義については、次の3通りの考え方がありうる。
　〔A〕有権者総数を基準とする
　〔B〕投票総数を基準とする
　〔C〕有効投票総数を基準とする

○国民投票によって憲法が改正されるという趣旨から、できる限り多くの国民の積極的な賛意が示されることが必要だろうが、近時の各種選挙における低投票率化（特に若年層）に鑑みると、有権者総数というのはあまり現実的ではないのではないか。また、無効票は「投票行動はとったが、積極的賛成の意思を示さなかった」といえることから、投票総数を基準とすることが適当ではないか。

○市町村合併の住民投票などにおいて、5割要件を付して行うケースが見受けられる（投票率が50％未満の場合には投票結果を無効とするなど）。これは、あまりに低投票率だと住民の意思と評価できないという理由に基づくが、否決の見込みがないと見た反対派のボイコット運動を誘発するリスクが想定しうる。この点、引き続き検討する。

> 【提案】
> 　投票総数を基準とすべきである。また、投票率が低い場合に投票結果を「無効」とすることについては引き続き検討する。

【理由】
　当該論点は、「棄権票」及び「無効票」の取扱いに関わる問題である。

「棄権票」及び「無効票」に不当に影響される制度設計は避けるべきであり、国民投票に参加した者の積極的な賛成意思が過半数であれば、十分であると考える。

また硬性憲法の改正手続であることに鑑み、一定の投票率を下回った場合の結果は無効とすべきとする議論もある。これは憲法改正反対派のボイコット運動を誘発する。

リスクを孕んでいることも踏まえつつ、引き続き検討すべきである。

【他に選択しうる案】

ア．有権者総数を基準とする。
〈理由〉棄権票は反対票と同視しうる。
〈批判〉棄権票が大量に出ることだけで、過半数に達しない場合がある。

イ．有効投票総数を基準とする。
〈理由〉無効票をすべて反対票と捉えるべきでない。
〈批判〉無効票が大量に出た場合でも、憲法改正を容認せざるをえなくなる。

論点12．国民投票の書式

〔説明資料〕

投票用紙をどのようにするかにより、論理的には以下のような効果の違いが生じうる。

　〔A〕可とするものに○を付すとして場合、白票は反対票となり、
　〔B〕不可とするものに×を付すとした場合、白票は賛成票となり、
　〔C〕可とするものに○、不可とするものに×を付すとした場合、白票は無効票となる。

○最高裁裁判官の国民審査と異なり、×を付すという選択肢は採りえないだろう。投票総数を基準とした場合には、反対票か無効票かの区別はあまり意味を持たないが、積極的な賛意が示されることが必要という観点からは〔A〕とすべき。

【提案】

「可」とするものに、「○」を付す方式を採用すべきである。この場合、白票は反対票となる。

【理由】

憲法改正国民投票は、「国民の承認」（96条1項）を要するものである。したがって、国民の積極的な賛成意思を基準に考えるべきである。白票をどう取り扱うべきか問題となる。硬性憲法の改正手続であることを鑑みると、白票は慎重に取り扱われるべきであり、積極的に賛成の意思を表明するもの（○）のみを賛成票にカウントすべきである。○でないものはすべて反対票とみなすべきである。

【他に選択しうる案】

ア．「不可」とするものに、「×」を付す（→白票は賛成票となる）
〈理由〉最高裁判所裁判官国民審査の方式と合致する。

イ．「可」とするものに、「○」を付し、「不可」とするものに、「×」を付す（→白票は無効票となる）。
〈理由〉白票は反対票としてではなく、無効票と考えるべきである。

論点13．国民投票運動規制・罰則のあり方（3原則8類型）

〔説明資料〕

憲法改正国民投票については、広く国民（市民）参加がなされることが望ましいとの観点に立ち、また、そうであるとすると、選挙のプロですら規制の限界があいまいであるという批判のある公職選挙法の制限に準拠することは、国民投票運動を萎縮させるおそれがある。また、選挙についてはこれまでの歴史的経験に照らした規制と評価できるものもあるが、憲法改正国民投票についてはいまだわが国では経験のない事柄でもあり、予断に基づいた弊害を理由とする規制は行うべきではない。

したがって、国民投票に際しては、今後の国のあり方を多くの国民が語り合い、議論しあうべきことであるから、その運動に対する規制は原則としてかけないことを基本とすべきである（「まず規制ありき」ではなく、「規制ゼロ」から考える）。とくに、マスコミによる国民投票運動は、思想の自由市場における国民の選択に委ねることとし、公権力によるメディア規制は極力行うべきではない。

また、刑法や国家公務員法等で処罰される行為類型についても、公職選挙法は①刑罰を加重し、又は②構成要件を拡大している例がある（暴行等による選挙の自由妨害罪など）。しかし、実施期間が特定されない国民投票においては、公民権停止という法的制裁を加え、選挙犯罪の抑止の実効性を確保する実益に乏しいことから、新たに罰則規定を設けないこととすべきである。

【提案】
　国民投票運動規制・罰則は、次の「3原則」に基づき、必要最小限にとどめるべきである。
〈原則1〉「まず、規制ありき」ではなく、「規制ゼロ」から考える。
〈原則2〉「プレスの自由」は、特に保障されなければならない。
〈原則3〉刑法、国家公務員法等、他の法律で刑事制裁が定められている行為類型については、新たに罰則を設けない。
　公職選挙法を参考に想定されうる国民投票運動規制・罰則は、つぎのア．からク．まで「8類型」である（かっこ内は公選法の条文）。
　　ア．投票事務関係者の投票運動制限（135条）
　　イ．選管職員の投票運動制限（136条）
　　ウ．投票干渉罪・被選挙人氏名等認知罪（228条1項）
　　エ．投票箱開披及び投票取出罪（228条2項）
　　オ．虚偽宣言罪（236条3項）
　　カ．詐欺投票及び投票偽造・増減罪（237条）
　　キ．代理投票等における記載義務違反罪（237条の2）
　　ク．立会人の義務を怠る罪（238条）

【理由】

国民投票運動規制・罰則については、国民投票運動の自由と公正さをどのように確保するべきかという視点が基本かつ重要である。

とくに国民投票運動は、憲政史上初めての試みであり、憲法改正に対する国民の関心が大

いに高まり、運動が盛り上がることが肝要である。マスコミ（言論・文書等）による国民投票運動は国民が憲法改正案に対する態度を決定する上で非常に重要な役割を担うことから、事前に過度な規制を設けず、思想の自由市場に委ねることとしたい（cf. 公選法では様々な規制類型を置いている）。

また、国民投票運動は候補者・政党の政策等を主な判断材料とし、人物（政党、政治団体）に投票する（公職）選挙とは質的に異なること、とくに投票運動について大掛かりな不正が行われる蓋然性が低いことにも鑑み、規制・罰則は必要最小限であるべきである。

論点14．国政選挙との政治的関係
〔説明資料〕
○国政選挙と憲法改正国民投票は、分離して行うことを原則とする。
※ただし、憲法上の権能である内閣の解散権を国民投票という法律で縛ることはできない。

> 【提案】
> 　　憲法改正国民投票と国政選挙とは、政治的に分離して行うことを基本とすべきである。

【理由】
　96条1項に規定する「特別の国民投票」又は「国会の定める選挙の際行はれる投票」のどちらを重視するかという問題である。政権選択を迫る国政選挙において、二大政党が激しく対立している中、憲法改正において両党合意の上での行動をとるのでは、有権者（国民投票権者の多く）が混乱するおそれがある。もっとも、内閣の衆議院解散権（7条解散）を拘束できないことに留意すべきである。

【他に選択しうる案】
　憲法改正国民投票と国政選挙とは、政治的に統一して行うことを基本とすべきである。
〈理由〉①同時実施の方が、投票率向上が期待しうる。
②主たる運動体は政党であるので、当案の方が現実的である。
③投票事務と選挙事務が一回的に処理できるので、相当の事務軽減につながる。

憲法改正国民投票法案に関する意見書

2005年（平成17年）2月18日
日本弁護士連合会

はじめに

　憲法改正国民投票法案が検討され、憲法改正問題が大きく動き出そうとしている。
　2004年12月3日、国民投票法等に関する与党協議会は「日本国憲法改正国民投票法案」と同法案の審査及び起草権限を衆参両院の憲法調査会に付与する「国会法改正案」を、次の常会に提出することを了承した。加えて、本年初頭の報道によれば、与党は、憲法改正国民投票法案を今国会に提出し、成立を図る方針を固めたと伝えられている。それによれば、2001年11月に発表された憲法調査推進議員連盟の日本国憲法改正国民投票法案（以下「議連案」という）に、若干の修正を加えたものを日本国憲法国民投票法案骨子案（以下「法案骨子」という）とし、与党はこの「法案骨子」を基に法案化の作業をすすめるとのことである。
　憲法改正国民投票は、いうまでもなく、主権者である国民の基本的な権利行使にかかわる国政上の重大問題であり、あくまでも国民主権の原点に立脚して定められなければならない。しかるに、与党案の「法案骨子」では、そのような国民主権の視点が重視されておらず、その結果、発議方法及び投票方法が投票者の意思を投票結果に正確に反映するものであるか否か明確ではなく、また、新聞、雑誌、テレビ等のマスコミ報道及び評論に過剰な規制を設けようとするなどの、看過しがたい問題点が多々みられる。
　当連合会は、基本的人権擁護と社会正義の実現を使命とする弁護士及び弁護士会を会員とするものであり、その使命達成のため、人類普遍の原理である国民主権とそれに基づく代表民主制、人類の多年にわたる自由獲得の努力の成果であり永久不可侵の権利である基本的人権の尊重、及び再び戦争の惨禍が起こらないよう恒久平和を念願する平和主義を基本原理とする憲法を尊重し擁護することを銘記し、1949年当連合会の設立以来、今日までの間、一貫して人権擁護活動に努め、幾多の具体的な提言を行ってきた。また、1977年には「生存権の実現に関する宣言」（人権擁護大会宣言）を行い、1997年には「国民主権の確立と平和のうちに安全に生きる権利の実現を求める宣言」（人権擁護大会宣言）及び国民主権の確立をはじめとする諸課題の達成をめざして全力を尽くすことを誓った「憲法50年・国民主権の確立を期する宣言」（定期総会宣言）を行った。今後も憲法に依拠して人権擁護活動その他の諸活動を行うことは不変の原則であり、当連合会が本年11月10日、11日に予定している第48回人権擁護大会では、憲法原理、個人の尊重及び立憲主義を確認しながら、「憲法は誰のために、何のためにあるのか」を問うシンポジウムを行う。
　これらの憲法原理は広く深く国民生活に定着していると考えられるところ、今この時期に、憲法改正を目的とした憲法改正国民投票法を制定すること自体の是非をめぐっては議論が存するところであり、また、当連合会が同法制定に関する意見を述べることの是非についても

意見があるところである。しかし、当連合会は、それらのことに十分配慮してもなお、法案の国会上程が近いという事の緊急性と重大性に鑑み、「法案骨子」には看過できない問題点が存在することについて、問題点を指摘して広く国民の論議に資するべきものであると考え、本意見書を公表するものである。

1 個別の条項ごとに賛否の意思を表示できる投票方法とすべきである

　法案骨子では憲法の複数の条項について改正案が発議された場合に、全部につき一括して投票することとするのか、あるいは条項ごとに個別に投票することとするのかについて、明らかにしていない。「議連案」の解説には「憲法改正の内容が複数の事項にわたる場合、一部に賛成で、一部に反対という意思表示の方法を認める必要があるのではないかが問題になる。しかし、そのような場合は、国会が改正案を発議する際に、改正の対象となる各々の事項ごとに発議を行えば、各事項に係る発議に対応して投票を行うことになるので、一部賛成、一部反対の票を投じることと同じ結果が得られるのではないか。すなわち、この問題は、国会の発議の方法を工夫することによって解決できると思われる」とされていた。ところが、法案骨子ではそのような問題点の検討がなされておらず、むしろ「議連案」より後退している。このような重要事項について曖昧にするべきではない。

　わずかに、「法案骨子」によれば、「投票用紙の様式、投票の方式、投票の効力その他国民投票に関し必要な事項は、憲法改正の発議の際に別に定める法律の規定によるものとすること」とされ、その説明によれば「例えば、複数項目に係る憲法改正案の場合に、全体を一括で国民投票に付すか、項目別に国民投票に付すかに応じて、投票用紙の様式等が定められたり、また、憲法改正案の内容（分量）に応じて、投票用紙への改正案の記載の有無が定められたりすることとなる」とされているが、これによっても一括投票か個別投票かは明らかでない。

　しかし、仮に一括投票制をとった場合は、国民主権の点で問題がある。たとえば(イ)環境権の新設、(ロ)首相公選制等の新設、及び(ハ)第９条改正の３点が改正事項として提案された場合を仮定してみると、投票者の意見は、①(イ)(ロ)(ハ)の全てに賛成する者、②(イ)(ロ)に賛成し(ハ)には反対する者、③(イ)に賛成し(ロ)(ハ)には反対する者、④(イ)(ロ)(ハ)の全てに反対する者等々さまざまに分かれることが予測される。この場合、もし改正条項の全部につき一括して投票させるとなれば、上記②、③の意見の投票者にとって、どのように投票すべきか著しく判断が難しいこととなり、かつ、投票者の意思が投票結果に正確に反映されないこととなる。

　憲法改正が国民投票の方法に委ねられる所以は、国民主権の原則に則って国の最高法規たる憲法改正に国民の意思を十分かつ正確に反映させようというところにある。それゆえに、国民投票においては、一括して賛否を問う投票方法ではなく、国民が条項ごと、あるいは問題点ごとに個別に賛否の意思を表明しうる発議方法及び投票方法とすべきである。

　個別の条項ごとに賛否の意思を表示できる投票方法とすべきであることは、憲法の一部改正の場合のみならず、全面改正の場合についても妥当することである。むしろ、それが憲法の基本原則を変更するような全面改正である場合には、そもそも憲法改正の限界を超えるものとして許されないとの指摘もなされているところである。

2 表現の自由、国民投票運動の自由が最大限尊重されなければならない

　国民投票にあたっては何よりも投票者にできる限りの情報提供がなされ広く深く国民的議論がなされることが必要である。そのためには、表現の自由が最大限尊重されるべきであり、基本的に国民投票運動は自由であるとされなければならない。例外的に、これらに対する規制は、放置することにより著しい不公正が惹起されることが明白である場合等、当該規制について十分な合理性と高い必要性が認められるような例外的な場合に限られるべきである。

　ところが、「法案骨子」は、かかる視点が不十分であり、国民投票運動について、広範な禁止制限規定を定め、不明確な構成要件により刑罰を科すものとなっている。例えば、公務員の運動の制限、教育者の運動の制限、外国人の運動の全面的禁止、国民投票の結果を予想する投票の経過または結果の公表の禁止、マスコミの規制、マスコミ利用者の規制、放送事業者の規制、不明確な要件で処罰を可能にする国民投票の自由妨害罪及び、演説・放送・新聞紙・雑誌・ビラ・ポスターその他方法を問わない煽動の禁止等である。

　もし、これらの規制が、公職選挙法における選挙運動禁止規定を参考にしているものだとすれば、それは、候補者のうちから当選人を選ぶ公職の選挙と国の最高法規たる憲法改正の是非を問う国民投票とは概念的に全く異なるものであることを考慮しない論と言わざるを得ない。加えて、公職選挙法における選挙運動禁止規定よりも禁止制限する範囲が拡大されていることは、二重の意味で問題がある。

　法案骨子の禁止規定は、国民投票運動に甚だしい萎縮効果をもたらし表現の自由を著しく制限するものというべきである。そのような禁止規定は到底容認することはできない。

3 発議から投票までの期間は、十分な国民的論議を保障するに足りる期間とすべきである

　「議連案」では、国民投票の期日は、国会の発議から60日以後90日以内の内閣が定める日とし、国政選挙と同時に行う場合にはさらに短い期間を定めることができるとしていたのに対し、「法案骨子」では、これを縮めて、30日以後90日以内の内閣が定める日としている。「法案骨子」の説明によれば、国政選挙と国民投票との性格の相違に鑑みて、国政選挙とは別個に行われることが適当であるとして、このような修正をしたとのことである。

　しかし、「議連案」の60日以後90日以内であっても憲法改正を国民的に論議する期間としてはあまりに短期に過ぎるのであって、これより相当長期にわたる考慮期間が必要だと考えられるところ、「法案骨子」のように30日以後であればよいとするのはさらに短期となり、国民から議論の機会を奪うにひとしいものとなるから「法案骨子」は適当でない。

　改正が一部改正か全面改正かによって、あるいはまた、改正の内容如何によって、必要な期間が異なることも考えられるが、いずれにしても、発議から投票までの間は、国民全体が十分に議論をし問題点を認識して改正をするか否かについて的確な判断をなし得るのに必要で、十分な考慮期間が保障されるべきである。そして、法案について公聴会を開催するなどして、広く国民的論議をすることができるよう配慮すべきである。

4 賛成は、少なくとも総投票数の過半数で決すべきである

　「法案骨子」は、憲法改正に対する賛成投票の数が有効投票総数の2分の1を超えた場合に国民の承認があったものとする。

賛成票の数え方については種々考えられるが、最も広い考え方は、全有権者の過半数の賛成を必要とする考え方であり、憲法改正という事の重大性を考えれば、国民の意思を尊重するこの考え方にも理由がある。

　仮に全有権者を基礎とする考え方をとらずに、投票数を基礎とする場合でも、国民投票は何よりも国の最高法規たる憲法の改正という極めて重要な問題を問うのであるから、少なくとも改正に賛成する者が、改正の是非・当否について投票した全ての者の2分の1を超えるか否かにより決すべきであるとするのが、民意を尊重する憲法の趣旨というべきである。

　この場合に問題となるのは、無効票をどのように扱うかである。この点、「法案骨子」は、投票された票のうちから無効票を排除して、有効投票のみで賛否の数を数えるものである。

　しかし、無効票を投じた者は、投票所に赴いて投票し、憲法を改正すべきか否かについての意思表示をしたものであるところ、改正に賛成の意思を表明した者でないことは明らかである。そうした、投票はしたが改正に賛成の意思を明示しなかった者の票を、あたかも投票しなかった者の如く排除するのは、上記の憲法の趣旨からみて妥当ではない。無効票を投じた者は、改正に賛成しなかったものとしてカウントされるべきである。

　因みに、もし無効票が多い場合には、ごく少数の賛成によって憲法改正が実現されることになり、この点からも「法案骨子」は妥当でない。

　結局憲法改正承認の成否は投票数を基礎とする場合でも少なくとも「法案骨子」のように改正について賛成投票数が有効投票総数の2分の1を越えたか否かではなく、賛成投票数が総投票数の2分の1を超えたか否かにより決せられるべきである。

5　投票率に関する規定を設けるべきである

　これに対し、「法案骨子」には、国民投票が有効に成立するための投票率に関する規定がない。

　前記のとおり、国民の承認があったとするためには、民意を尊重して全有権者数の過半数の賛成が必要とする考え方もあるくらいである。しかし、この考え方を取らないとしても、投票率が一定割合に達しない場合には、憲法改正を承認するかどうかについての国民の意思を十分に、かつ正確に反映するものとはいえないのであるから、少なくとも投票率に関する規定を設けるべきである。

6　国民投票無効訴訟についてはさらに慎重な議論を要する

　「法案骨子」は、国民投票無効訴訟について定めているが、この点については多くの問題点が含まれている。

　まず、提訴期間について、投票結果の告示の日から起算して30日以内に提訴すべきとするが、この期間は憲法改正という極めて重要な事項についての提訴期間としては、短かすぎる。次に、一審の管轄裁判所を東京高等裁判所に限定する点も問題である。情報公開法の制定に際しては、当連合会を中心として国民的批判と要請が広く展開された結果、地方管轄が実現したが、憲法という基本法の改正についてであればこそ、特に広く国民の司法審査を受ける権利を十分に保障すべきである。一審裁判所を地方裁判所とするのが難しいとしても、全国の各高等裁判所をもってその管轄裁判所とすべきである。

さらに、どのような場合に提訴ができ、判決結果にどのような効果を与えるのかについても「法案骨子」では不明確である。

加えて、国民投票無効訴訟制度を定めるのであれば、法曹三者も参加した慎重かつ十分な検討により、合理的で民意を反映するに相応しい成案を整えることが必要である。

7　公民権停止者及び未成年者の投票権は考慮を要する

公職選挙法上の公民権が停止されている者の投票権について、「議連案」では、軽微な選挙違反による公民権停止者には投票権を認めていたのに対し、「法案骨子」はこれを認めず、「衆議院及び参議院の選挙権を有する者は、国民投票の投票権を有するものとする」としている。また、18歳以上の未成年者についても「法案骨子」はこれを認めないとしている。

しかし、公民権停止中の者に対して憲法改正の投票権を否定する理由に乏しく、また、18歳以上の未成年者についても十分な議論がなされるべきである。

おわりに

「法案骨子」には、以上に述べたとおり、重要な問題点が多々含まれている。

当連合会は、今この時期に憲法改正国民投票法を制定することの是非について、国民がしっかりと議論をなしうる場が設けられることを強く求めるものである。そして、同法案を制定することとなった場合においては、法案の国会提出に先立ち、本意見書に摘示した問題点について、国民が議論を尽くすのに必要な情報が提供され、十分な期間が確保されることが重要であると考える。

当連合会は、関係機関、関係各位に対し、慎重な対応をなされることを求める次第である。

「報道・表現の危機を考える弁護士の会」ホームページ
http://llfp.j-all.com/

GENJINブックレット49

憲法を決めるのは誰？
戒厳令下の国民投票

2005年7月30日　第1版第1刷発行

編　者	報道・表現の危機を考える弁護士の会
発行人	成澤壽信
編集人	西村吉世江
発行所	株式会社 現代人文社
	東京都新宿区信濃町20 佐藤ビル201（〒160-0016）
	Tel.03-5379-0307（代）
	Fax.03-5379-5388
	daihyo@genjin.jp（代表）
	hanbai@genjin.jp（販売）
	http://www.genjin.jp/
発売所	株式会社 大学図書
印刷所	株式会社 シナノ
表紙デザイン	西澤幸恵（Push-up）
表紙イラスト	河村誠（Push-up）
本文イラスト	小杉あや

検印省略　Printed in JAPAN
ISBN4-87798-260-4 C0036
©2005 by 報道・表現の危機を考える弁護士の会

本書の一部あるいは全部を無断で複写・転載・転訳載などをすること、または磁気媒体等に入力することは、法律で認められた場合を除き、著作者および出版者の権利の侵害となりますので、これらの行為を行う場合には、あらかじめ小社または編者宛に承諾を求めてください。

現代人文社　〒160-0016東京都新宿区信濃町20佐藤ビル201
電話03-5379-0307　FAX03-5379-5388　hanbai@genjin.jp　www.genjin.jp

「9条」変えるか変えないか
憲法改正・国民投票のルールブック

[編著] **今井 一**（ジャーナリスト）　定価●1200円（本体）+税　ISBN4-87798-256-6

第1章　「9条改憲」Q&A
- Q1 「改憲派」って何？「護憲派」って何？
- Q2 「明文改憲」って何？「解釈改憲」って何？
- Q3 「九条護憲派」、「九条改憲派」の境界はどこに？
- Q4 「憲法改正(明文改憲)」をめぐる動きはどうなってるの？
- Q5 どうすれば「改正(明文改憲)」できるの？
- Q6 国民投票って何？
- Q7 諸外国ではどんな国民投票が行なわれているの？
- Q8 法律の改正は議会だけで決められるのに、憲法の改正はなぜ国民投票にかけなければならないの？
- Q9 国民投票での決裁は間接民主制を否定することにならないの？
- Q10 国民は賢くないから国民投票は衆愚政治をもたらすことになるのでは？

第2章　真っ当な国民投票のルールとは
【公開討論会】〈改憲の是非を問う国民投票〉
どんなルールで行なうべきか　改正国会法と国民投票法を論じ合う
①国民投票の活用を求めながら、国民の多くは憲法改正手続について正しく理解していません。なぜなんでしょう？
②「国会法改正」「国民投票法の制定」など、憲法改正国民投票のルール設定を行なう意味についてどう考えますか？
③投票権者、キャンペーン活動など、国民投票のルールは公職選挙法に準じたものにしますか？それとも異なったものに？
④情報媒体において、その企業、社内記者、社外のコメンテーターらが、賛否に関し自らの意見を主張することについて、これを規制すべきですか？賛否の宣伝活動に、テレビやラジオなど放送媒体の「スポットCM(PR)」を使うことは許されますか？
⑤国会発議から投票までの期間について、何日間が適当ですか？
⑥複数のテーマ、項目について「改正」の賛否を問う場合、「一括投票」で行なうべきですか？それとも「個別投票」により有権者の意思を確認する方式を採るべきですか？
⑦改憲賛成票が多数を制したらどうなり、改憲反対票が多数を制したらどうなりますか？それを事前に示し、実行を約束する「国民投票マニフェスト」の必要性について（「9条」を例に）。
⑧成立要件について。「50%ルール」の設定をどう考えますか？改正成立に必要な賛成票は全有権者の過半数？それとも投票総数の過半数？有効投票の過半数？

第3章　国民(主権者)による国家意思の決定を否定してはならない

【付録・漫画】近未来ドラマ
「9条改憲」どうなる？こうなる？国民投票シミュレーション

【資料】〈真っ当な国民投票のルールを作る会〉の「市民案」と要望書

推薦のことば

上原公子（東京都国立市長）
改憲の是非、国の行方を決めるのは首相でもないし国会でもない、主権者である私たち自身です。だからこそ「国民投票」のルールは国民の手で！

小林節（慶應義塾大学教授）
実は、憲法改正は国民投票のやり方次第で簡単にできてしまう。この恐ろしい問題を明解に教えてくれる本だ。

●登壇
- 中山太郎（衆議院憲法調査会会長）
- 保岡興治（自民党憲法調査会会長）
- 枝野幸男（民主党憲法調査会会長）
- 魚住裕一郎（公明党憲法調査会事務局次長）
- 阿部知子（社民党政策審議会会長）

※書籍のご注文は、お近くの書店または小社へ直接お申し込みの場合、代引手数料として二一〇円を申し受けます。